LANGUAGES
CENTRE

Jean-Paul Sartre

JEAN-PAUL SARTRE

LES MOUCHES

Edited by

ROBERT J. NORTH, M.A.
Professor of French, University of Birmingham

MODERN WORLD LITERATURE SERIES

HARRAP LONDON

First published in Great Britain 1063
by GEORGE G. HARRAP & CO. LTD
182 High Holborn, London WC1V 7AX

Reprinted: 1966; 1967; 1973; 1976; 1977 (twice);
1978

First published in the French Language by
Editions Gallimard 1947

English edition with Introduction and Notes
© George G. Harrap & Co. Ltd 1963

ISBN 0 245 52115 1

Printed and bound in Great Britain by
Redwood Burn Limited, Trowbridge & Esher

CONTENTS

INTRODUCTION

Career

In spite of the fact that Jean-Paul Sartre is one of the most publicised and influential, as well as one of the most controversial, figures in the literary and philosophical world today, outside as much as inside France, little is known for certain about his life. Conflicting biographical statements are made by the many critics who have written about him, while all kinds of deductions from his writings have been made to bolster theories about the man, his character and his experiences. Though his early childhood is evoked in *Les Mots*, until Sartre publishes a full autobiography, or an authoritative biography appears, it would be unwise to place much stress on such theories. Meanwhile, we have to rely on the statements of Sartre's friends and, in particular, for information about the period since 1929, on the memoirs of Simone de Beauvoir (*Mémoires d'une jeune fille rangée, La Force de l'âge, La Force des choses*), his constant friend and companion since student days and herself a distinguished novelist and writer on philosophical questions.

The information available about his early life is sparse. He was born in Paris on June 21, 1905, into a middle-class professional family, but he scarcely knew his father, a naval officer, who died of a fever in Indo-China when the child was barely two years old. The widowed mother brought up the child in the home of the grandfather, M. Schweitzer, an Alsatian by birth and a progressive teacher of German who founded his own language school in Paris and who is said to have been a Calvinist and somewhat authoritarian. He is vividly portrayed in *Les Mots*. In 1916 the mother remarried and her second husband, a Catholic and, like her first husband, a marine engineer, took the family to La Rochelle, where he was in charge of the docks.

For Sartre the years 1916–20 were "les trois ou quatre plus mauvaises années de ma vie". His authoritarian grandfather had been succeeded by an austere stepfather and the adolescent rebelled against his family. The themes of alienation and bastardy, so prominent in his work, clearly owe something to this personal experience. The effects, on his thoughts and work, of German influence in childhood, of a conflict between Calvinism and Catholicism and of life in the dull provincial town of La Rochelle are much less clear, though much has been made of them.

In 1920 he returned to Paris to continue his education at the Lycée Henri IV and having passed his *baccalauréat* or school-leaving examinations with moderate success in 1921 and 1922, Sartre studied for the highly competitive entry examinations to the École Normale Supérieure and was successful in 1924. He had already begun to write, had published a story and started a novel. At Normale he was a pupil of Alain, the famous teacher and writer on philosophical and political problems and a radical critic of authority, whose influence has been gratefully acknowledged by men as different as André Maurois, Jean Prévost, Henri Massis and Pierre Bost. The École Normale Supérieure is one of the Grandes Écoles which train the intellectual élite of France and it is designed primarily to prepare its pupils for the highest grades of the teaching profession (secondary and university). Many of its pupils have chosen other careers and many have attained fame, in literature like Jules Romains or Jean Giraudoux, in diplomacy like M. Louis Joxe, in social and political spheres like Raymond Aron, the political commentator who was Sartre's contemporary, or in other fields. The staff, headed in Sartre's day by the great scholar Gustave Lanson, is drawn from the most eminent of university teachers. After taking their first degree the students write a thesis for the *diplôme* and then prepare for the competitive *agrégation* examination which controls entry to the higher ranks of the teaching profession.

During these years at the École, Sartre took an active part in the traditional students' rags and in the school's festivities. Simone de Beauvoir, who met him for the first time when they were both preparing for the *agrégation de philosophie*, says of him:

> Sartre avait une belle voix et un vaste répertoire: *Old Man River* et tous les airs de jazz en vogue; ses dons comiques étaient célèbres dans toute l'École: c'était toujours lui qui jouait, dans la Revue annuelle, le rôle de M. Lanson; il se taillait de vifs succès en interprétant *La Belle Hélène* et des romances 1900. Quand il avait assez payé de sa personne, il mettait un disque sur le plateau du phonographe: nous écoutions Sophie Tucker, Layton et Johnson, Jack Hylton, les Revellers et des negro spirituals. Chaque jour les murs de sa chambre s'enrichissaient de quelques dessins inédits.*

A generous and helpful friend, Sartre seems to have shown gifts exceptional even in this brilliant circle. One of his fellow students rather ruefully complained that he never stopped thinking. It was not that Sartre spent his time elaborating theories but rather that his mind was always alert and his interests multitudinous. He would take nothing for granted:

> Face à un objet, au lieu de l'escamoter au profit d'un mythe, d'un mot, d'une impression, d'une idée préconçue, il le regardait; il ne le lâchait pas avant d'en avoir compris les tenants et les aboutissants, les multiples sens. Il ne se demandait pas ce qu'il fallait penser, ce qu'il eût été piquant ou intelligent de penser: seulement ce qu'il pensait.†

Eager for knowledge and avid of experience, he interested himself in such unusual studies as graphology and physiognomy and later took part in an experiment to ascertain the effects on the mind of the drug mescalin.

The group of friends was rationalist and sceptical about all established values and institutions. They accepted as a fact that God does not exist and sought the philosophical, political and social consequences of atheism. Highly critical of bourgeois society and its values, "ils dégonflaient impitoyablement tous les idéalismes, ils tournaient en dérision les belles âmes, les âmes nobles, toutes les âmes et les états d'âme, la vie intérieure, le merveilleux, le mystère, les élites; en toute occasion—dans leurs propos, leurs attitudes, leurs plaisanteries—ils manifestaient que

* Beauvoir, *Mémoires d'une jeune fille rangée*, 335.
† ibid., 339.

9

les hommes n'étaient pas des esprits mais des corps en proie au besoin, et jetés dans une aventure brutale."* One of the group, Nizan, became a Communist but the others did not commit themselves so far; Sartre himself at this period seems to have been more concerned with criticising the existing system than with constructing political theories.

He was ambitious to write and to communicate his views rather than to achieve professional or social success. Indeed, hearing what Mme de Beauvoir has to say of him as a young man of 23, one is reminded more of the young poet Rimbaud seeking experience in all manner of places and fashions, or of the young heroes of Gide's novels, than of a professional philosopher and teacher on the verge of his career.

> Il ne comptait pas, certes, mener une existence d'homme de cabinet; il détestait les routines et les hiérarchies, les carrières, les foyers, les droits et les devoirs, tout le sérieux de la vie. Il se résignait mal à l'idée d'avoir un métier, des collègues, des supérieurs, des règles à observer et à imposer; il ne deviendrait jamais un père de famille, ni même un homme marié. Avec le romantisme de l'époque et de ses vingt-trois ans, il rêvait à de grands voyages... Il ne s'enracinerait nulle part, il ne s'encombrerait d'aucune possession: non pour se garder vainement disponible, mais afin de témoigner de tout. Toutes ses expériences devaient profiter à son œuvre... L'œuvre d'art, l'œuvre littéraire était à ses yeux une fin absolue; elle portait en soi sa raison d'être, celle de son créateur, et peut-être même—il ne le disait pas mais je le soupçonnais d'en être persuadé—celle de l'univers entier.†

He had a gift for composing short, telling pieces—epigrams, madrigals, elegies, stories—and delighted in word play: puns, alliterations and assonances. Though conscious that language does not adequately express reality and that life does not display the formal coherence that the story writer imposes on it, the fact did not worry him unduly at this stage. The artist would give life the pattern that it lacked and so organise it. It was at this time that he wrote his first novel; called *Une Défaite*, and based upon the loves of Nietzsche and Cosima Wagner, it was rejected by the publisher Gallimard. He also sought in *Er, l'Arménien*, by the

* ibid., 335-6.
† ibid., 340.

use of a myth involving the gods and the Titans, to give literary expression to his ideas.

Some conception of the philosophy he was elaborating at the same date can be gained from his contribution to an investigation conducted by *Les Nouvelles littéraires* into University students' attitudes. He affirmed that the world has no inherent organisation and that nothing happens of necessity; he maintained that the individual is therefore free because values are man-made and are not built into the world; and he made the further point that the adventure seeker is deluded when he thinks himself free yet thinks that there is some pattern in life. These are ideas which recur in Sartre's thought and writings. At this stage they were not yet systematised and he was still seeking some means of resolving apparently contradictory philosophical notions.

After success in his second attempt at the *agrégation* in 1929, Sartre went off to do his military service and, because of his poor eyesight, was posted to the meteorological branch, serving first at Saint-Cyr and then at Tours. He continued his writing, first with a poem entitled *L'Arbre* and then with philosophical essays, *La Légende de la vérité*. He read voraciously, philosophy, novels and thrillers alike, for his duties left him considerable leisure. He went to the avant-garde theatres of Baty and Dullin as well as to the cinema; experiment in both fields attracted him and he became interested in the possibilities of the film as a means of artistic expression. At this moment in the history of the film there was much discussion, for techniques were being adapted and evolved to take advantage of the new possibilities offered by the sound track.

In literature there seemed little new at that moment but soon after Sartre had been appointed, on completing his military service, to the Lycée at Le Havre where he taught from 1931 to 1936, there appeared a number of novels which opened up new possibilities: the turbulent and anarchic novel of L. F. Céline, *Voyage au bout de la nuit;* the technically interesting novel, *42nd Parallel*, by the American, John Dos Passos; the arresting *Condition humaine* of André Malraux, to quote but a few. To a public familiar with the highly organised style of writers like

11

Gide, Céline's torrent of words was exhilarating, while, compared with the conventional techniques of contemporary French novelists, the experiments of Virginia Woolf and of Dos Passos and other American novelists greatly stimulated French readers. Sartre was already meditating the possibility of expressing himself through the novel and, in his later work, was to experiment with the internal monologue used by writers like Virginia Woolf and with simultaneity techniques similar to those of Dos Passos. In 1934 he was to read and be deeply impressed by the translation of Faulkner's *Sanctuary* and by Kafka's *The Trial*.

Further stimulation had come from his friend and former fellow-pupil at the École Normale, Raymond Aron, who spent the year 1930–31 at the French Institute in Berlin. Aron was writing a thesis on a historical subject but had also been studying the ideas of Husserl. On vacation in Paris, he met Sartre and told him something of Husserl's "phenomenology", an attempt to resolve the philosophical problem whether the mental experiences we have are related to objects outside the mind or not. Husserl taught that consciousness was always consciousness of something and he sought to understand the nature of this activity in, for example, perception and memory. As Aron put it to Sartre: "Tu vois, mon petit camarade, si tu es phénoménologue, tu peux parler de ce cocktail, et c'est de la philosophie!" That is to say that a description of phenomena, objects in the world outside the mind as they appear to the mind, is a philosophical activity. This conception aroused Sartre's enthusiasm, since it seemed to bridge the gap between consciousness and the external world. He not only began to study Husserl, he also decided to follow Aron's example and apply for a year's study-leave in Berlin in order to learn more of current German thought. In fact, the year 1933–34 which Sartre spent at the French Institute in Berlin was most important in the formation of his ideas. It gave him the opportunity to learn more not only of Husserl and of Heidegger but also of Jaspers, some of whose ideas were already familiar to him from his proof-reading in 1927 of a French translation. These three German philosophers have all attained world celebrity and, different though they are from one another and

12

different though Sartre's ideas are from theirs, it cannot be doubted that this confrontation of ideas exercised a decisive influence on Sartre's thinking.

While in Berlin, he established to his own satisfaction a distinction between reflection and consciousness which has remained basic in his thought. This he expressed in an article subsequently published in 1936 under the title of *Essai sur la transcendance de l'Ego*. He argued that consciousness is immediate self-awareness and is not the result of reflection; on the other hand, 'states of mind' like hate are really experiences to which reflection may give the status of mental objects. The Self is an object existing in the world with the same status as that of other persons and is not the creation of processes of reflection. For Sartre this distinction made it possible to escape from the dilemma posed by idealism, the view which argues that our only knowledge is mental and that there is no evidence that anything outside the mind exists at all. Dr Johnson, it may be remembered, sought to refute the idealist argument by "striking his foot with mighty force against a large stone, till he rebounded from it," saying, "I refute it thus" Unfortunately, this scarcely disposes of the argument that events in the mind (like the sensation of kicking a stone or of talking to Boswell) may be no more than mental and may have no necessary correspondence with anything outside the mind. Johnson's may be the answer of common sense but philosophically it is inadequate. To Sartre his new-found distinction seemed a solution of the problem.

On returning from Berlin, Sartre continued to teach, first at Le Havre, then for a year in Laon, being finally appointed in 1937 to the philosophy post at the Lycée Pasteur in Paris. He also wrote a great deal, philosophy as well as stories. In 1936 he published his first philosophical essay, *L'Imagination*, which Professor Delacroix had asked him to write for a series he was editing. It had been the subject of Sartre's post-graduate diploma thesis and in the published work he sought to analyse the 'image' as well as the working of the imagination. Criticising accepted ideas, he argued that theory should be based upon observation, upon the description of events, upon what happened in the mind, not

13

upon abstract reasoning or upon intuition. The first of the stories, *Le Mur*, was published by Gallimard in the *Nouvelle Revue française* in 1938, while others appeared in other reviews and were later collected in a volume entitled *Le Mur* (1939). A novel called *Melancholia* which Sartre had been working on since 1931 was initially rejected by Gallimard but eventually accepted by him and published in 1938 under the title he suggested, *La Nausée*. The essay, the stories and the novel were well received in a small circle and Sartre became established as a literary figure, not yet widely known but recognised as promising. He now became a regular contributor to reviews, in particular to *Europe* and to the *Nouvelle Revue française*, and continued writing both philosophical essays and works of the imagination.

La Nausée is important not only as Sartre's first major success but also as a novel treating most of the philosophical problems with which he is concerned. Cast in the form of a diary written by Antoine Roquentin, it relates his attempts to understand his experiences. He has been overwhelmed by a feeling of strangeness, even of physical sickness, and first wonders if he is mad. He then realises that objects in the world are quite separate from him and quite independent; they are quite unrelated to one another and to him. The world is alien. Similarly, he comes to understand that life has no pattern, that what men call adventures or stories or histories are events arranged in a special and order relationship by the person telling the story.

> Quand on vit, il n'arrive rien. Les décors changent, les gens... entrent, et sortent, voilà tout. Il n'y a jamais de commencements... Mais quand on raconte la vie, tout change... les événements se produisent dans un sens et nous les racontons en sens inverse. On a l'air de débuter par le commencement: "C'était par un beau soir de l'automne de 1922. J'étais clerc de notaire à Marommes." Et en réalité c'est par la fin qu'on a commencé. Elle est là, invisible et présente, c'est elle qui donne à ces quelques mots la pompe et la valeur d'un commencement.*

This revelation seems to Roquentin to make nonsense of the work he is engaged on, writing the biography of the Marquis of

* *La Nausée*, 57–8.

Rollebon, a man long dead—recreating a life. In fact, life does not exist in this sense, nor does the past.

> Rollebon n'était plus. Plus du tout. S'il restait encore de lui quelques os, ils existaient pour eux-mêmes, en toute indépendance, ils n'étaient plus qu'un peu de phosphate et de carbonate de chaux avec des sels et de l'eau. Je fis une dernière tentative... Son visage m'apparut docilement, son nez pointu, ses joues bleues, son sourire. Je pouvais former ses traits à volonté, peut-être même avec plus de facilité qu'auparavant. Seulement ce n'était plus qu'une image en moi, une fiction.*

There exist only the I, the Roquentin who is experiencing, and the objects in the world outside, including other people. In a picture-gallery, Roquentin has the same impression that the portraits he sees are a vain and hypocritical attempt to give meaning to experience; the town worthies are represented as important people, as councillors, as leaders, as benefactors. They seem to claim some sort of right to live, some kind of justification, to be a necessary part of an ordered and meaningful world. For Roquentin, this is now unacceptable: the world is a chaos of unrelated objects and experiences; the self exists but it cannot claim that it exists of necessity. Men are contingent. This metaphysical doubt leads him on to meditate on the nature of thought, of language, of objects and on the relationships between the self and the external world. He concludes that there are no given values although the self hungers after value and meaning; that we are in a situation not of our making, but we are free to decide how we shall act. The journal ends with Roquentin's decision to seek some kind of justification of himself by creating a work of art, for, listening to the record of the song *Some of these days*, he has thought of the singer and the composer as people who have not only existed but have given their existence some meaning by creating a work to which they are necessarily related. This gives them meaning in the mind of those who hear the music. The work created itself endures and rises superior to the

* ibid., 126.

flux and chaos of experience. Roquentin decides therefore that he must write, not a biography but

> une autre espèce de livre. Je ne sais pas très bien laquelle—mais il faudrait qu'on devine, derrière les mots imprimés, derrière les pages, quelque chose qui n'existerait pas, qui serait au-dessus de l'existence. Une histoire, par exemple, comme il ne peut pas en arriver, une aventure. Il faudrait qu'elle soit belle et dure comme de l'acier et qu'elle fasse honte aux gens de leur existence.*

Then perhaps people will think of him as the author of the book, as necessarily related to their world and experience. He hopes that he may himself be able to look back on his life with a sense of achievement, that he may feel that he can accept himself. Roquentin is not the first man to have sought in art some kind of salvation, yet this solution seems but a provisional one, so lightly is it sketched in at the end of the novel. It clearly reflects the ambitions of the younger Sartre already referred to. But it is not Sartre's final answer to the problem of how to "make sense" of his life. What chiefly impresses the reader in *La Nausée*, apart from the power of the writing, is the series of major problems raised and the savage attack on conventional values and ways of living.

These years, 1930 to 1938, which were so important for Sartre's thought and work, were most eventful historically also. 1929 was the year of the great financial crash in Wall Street and it was rapidly followed by world depression and by mass unemployment and unrest in the United States, in Britain, in France and in Europe generally. In the Far East, Japan invaded Manchuria. In Germany, the depression gave additional impetus to the National Socialist party in its rise to power, so that by January 1933 Hitler had become the master of the Third Reich. In Britain, the Labour government gave way to a National government, first under Ramsay MacDonald then under Stanley Baldwin, which introduced stringent economies and aroused the hostility of the depressed unemployed and the working class. In 1934 financial scandals consequent upon world depression precipitated

* ibid., 222.

16

a political crisis in France which led to bloodshed in Paris and the eventual formation of a right-wing government of "national unity" under Doumergue, with Pétain as War Minister to lend it prestige. The left-wing parties sank their differences in opposition, and after forming the *Front populaire*, gained power in the elections of 1936. Further, the assassination of King Alexander of Yugoslavia in Marseilles in 1934 had aroused vivid and frightening memories of the assassination which led to the 1914 war. Then the Italians invaded Abyssinia and soon afterwards the Spanish Civil War broke out. It became evident quite soon that victorious Italy and resurgent Germany were supporting General Franco in his attack on the Spanish Republicans in spite of the policy of neutralism that France and Britain sought to establish. Russia sent arms to help the Republicans and a trial of strength between Fascism and Communism raged, with young men from all over Europe and from the United States volunteering to fight for liberty in Spain.

During the earlier years of this troubled and momentous period Sartre remained politically uncommitted, not even exercising his vote. Though a left-wing sympathiser, he was not a Communist, nor indeed a member of any political group. He was hostile to Fascism and Nazism but did not join any of the intellectualist anti-Fascist groups which flourished at the time. Fundamentally, he was concerned to clarify his ideas and to express them so as to exert a personal influence, not to submerge himself in group activity under the banner of some slogan or abstraction which he could not accept. It must not be thought that he cut himself off from the world, spurning the contemporary in favour of the eternal, the political in favour of the philosophical. He travelled a great deal, read widely and kept himself fully informed of the events of the day. But he remained a spectator, a young man busy with his work. This was also the period, it is well to remember, when any thinking man would have found it difficult to believe in any meaningful pattern in the world. Millions starved on one side of the globe while crops were being burned on the other. Disarmament conferences were held, peace plans were discussed, but aggression and repression followed in their

17

wake. No wonder that in a world that seemed so disordered the great comedians were the inconsequential Marx brothers with their fantasies and surrealist humour.

But events changed Sartre's attitude. As Hitler grew more menacing and war more likely, he came to the conclusion that a man must accept the situation in which he finds himself and act in full awareness of all its aspects. Action, whether physical or intellectual, was required if the situation were to be changed and the future moulded to one's desire. The concept of *engagement* or commitment, later to arouse so much controversy, here makes its first appearance in Sartre's thinking. In some measure it arose from a sense of responsibility to the young; he did not want them to become a lost generation like the young men who fought in the 1914–18 war. Experience as a prisoner of war was to strengthen him in this conviction.

War broke out in September 1939 and Sartre joined the 70th Division in the Nancy region, serving in the Maginot Line defence system. At first there was little activity on the Western front but in the spring of 1940 the German armies broke through and France was overrun. Sartre was taken prisoner in June and sent to the prison camp at Trèves (Stalag XII D). However, in April 1941, concealing his military status, he secured release as a civilian and returned to Paris, where he resumed teaching at the Lycée Pasteur and in September transferred to the Lycée Condorcet. Here he taught the senior class preparing for the competitive entry examinations to the Grandes Écoles (Polytechnique, Centrale, École Normale Supérieure and so on). In 1944 he resigned from teaching to devote himself to his writing. By then he had already produced his first play, *Les Mouches*, and his first major philosophical treatise, *L'Etre et le Néant*. Both of them appeared in public in the same year, 1943, and must be set against the background of the German occupation of France and in particular of Paris.

It is difficult to generalise about the state of French opinion during the Occupation; memories are fallible and the truth is difficult to establish owing to the vast amount that has been written subsequently in justification or in condemnation of

18

individuals like Pétain and Laval or of particular actions. There is little doubt, however, that after the 1940 defeat the majority of Frenchmen were bewildered. The "phoney" war had overnight given way to the "lightning" war and the overrunning of France. A sequence of major catastrophes had occurred. Poland had been overrun; Belgium had surrendered; the great defence system of the Maginot Line had been turned; the British forces in Europe had at Dunkirk withdrawn from the continent; Paris had been declared an open city to save it from bombing when its defence was seen to be impossible; hordes of Frenchmen had fled in disorder before the advancing enemy and had suffered machine-gunning, fear and despair upon the roads jammed with carts, trucks, cars, bicycles and people; the Government had fled to Bordeaux and then capitulated. Many must have thought not only that France had been betrayed by her allies and let down by her politicians and generals, but also that a general German victory was inevitable. After the horrors of evacuation, return to the cities occupied by German forces who had been instructed to show themselves tolerant and forbearing, must have seemed like a return to sanity and civilisation. In any case, life had to go on and the problems of living were complicated by the marked shortage of food, of clothing, of coal and of other daily necessities. A mood of "attentisme", of waiting to see what would happen, seems to have been understandably widespread for a time.

France was divided into two regions—the North, occupied and governed by the German forces, the South, or *zone libre*, under the government of Marshal Pétain in Vichy. Some idea of the way in which Paris lived during the early days of this occupation can be gleaned from Sartre's own account:

Il faut d'abord nous débarrasser des images d'Épinal: non, les Allemands ne parcouraient pas les rues, l'arme au poing; non, ils ne forçaient pas les civils à leur céder le pas, à descendre devant eux des trottoirs; ils offraient, dans le Métro, leur place aux vieilles femmes, ils s'attendrissaient volontiers sur les enfants et leur caressaient la joue; on leur avait dit de se montrer corrects et ils se montraient corrects, avec timidité et application, par discipline; ils manifestaient même parfois une bonne volonté naïve qui demeurait sans emploi. Et n'allez pas imaginer non plus chez les Français je ne sais quel regard écrasant de mépris. Certes l'immense majorité de la population s'est abstenue de tout contact avec l'armée allemande. Mais il ne faut pas oublier que l'occupation a été *quotidienne*. Quelqu'un à qui l'on demandait ce qu'il avait fait sous la Terreur [de 1793] répondit: "J'ai vécu..." C'est une réponse que nous pourrions tous faire aujourd'hui. Pendant quatre ans nous avons vécu et les Allemands vivaient aussi, au milieu de nous, submergés, noyés, par la vie unanime de la grande ville.*

In the Southern zone, the Vichy government, conceding to the Germans what it could not deny, struggled to preserve what it could and sought, by exhortation, to recall the French to a consciousness of nationhood and civic duty, to create a New Order based on *Patrie, Famille, Travail*, instead of upon the republican ideals of *Liberté, Égalité, Fraternité*. Present misfortunes were ascribed to past follies and the cry was raised that the French should repent of the error of their ways. It was even urged by some that France had a part to play in a new Europe under the hegemony of Germany. Some preached anti-Communism as a slogan which might unite the recent enemies. A paternalist, authoritarian system replaced the liberal régime of the Third Republic.

Many Frenchmen in both zones however refused to accept the Vichy interpretation of events or to acquiesce either in the German overlordship of Europe or in the Vichy régime. The voice of General de Gaulle had been heard from London in the earliest days of defeat calling on France to continue the struggle and to repudiate the armistice. Soon other voices were raised in support of continued resistance. Small clandestine groups were formed all over France and in her colonial Empire; tracts were printed and circulated; escapes to England and North Africa were organised; a go-slow movement of passive resistance to the enemy grew up. Sartre himself was a founder-member of one of these early resistance groups in Paris called *Socialisme et Liberté*. Initially at least, these groups were isolated and unconnected; they grew up spontaneously as individuals sought

* "Paris sous l'occupation", *France Libre*, 1945, repr. *Situations*, III, 18, 1949.

ways of attacking the enemy. Moreover, safety lay in isolation and secrecy; some Frenchmen collaborated actively with the enemy and denounced subversive movements and individuals, just as some Frenchmen profited from the shortage of goods and grew rich on the proceeds of the "black market".

When Hitler invaded Russia in June 1941, the ranks of the resisters were strengthened by the addition of the Communist party with its tradition and experience of clandestine activity. Further recruits came as the Germans alienated liberal opinion by decreeing the deportation of all Jews and then began to implement a policy of forced labour drafts, conscripting French civilians to work in German factories. Men escaping from these draconian measures sought refuge in the countryside and thus maquis groups grew up in different areas; sabotage and guerilla activities spread. The Germans took reprisals, shooting hostages, torturing prisoners and fostering treachery. On May 27, 1943, a meeting held in Paris to attempt the coordination on a national scale of all resistance groups and movements set up the *Comité national de la Résistance*. Allied successes in North Africa, in Russia and then in Italy all gave heart to the movement. The efforts made to furnish the maquis with food and arms from the air, the escape stories, the part played by the Resistance in harrying the German authorities, the savage reprisals of the occupying forces, all these are a matter of history. The strength of the movement and the sufferings of France may be guessed from the facts that 30,000 people from the ranks of the Resistance were shot and that of 112,000 Frenchmen deported to Germany only 35,000 returned.

It is not therefore surprising that in *Les Mouches* Sartre should have been concerned with the problem of individual liberty and with the overthrow of tyranny. Nor that in *L'Etre et le Néant* he should have been concerned with an investigation of the meaning of existence and of liberty. The two works parallel one another and they correspond in a measure to the preoccupations of their time, but both transcend their time and raise questions of continuing importance. In the same way, the play *Huis clos*, first performed in May 1944 and later adapted for the cinema, though

superficially concerned with the remorse and the relationships of the characters, is fundamentally an examination of authenticity and liberty. There are only three characters, who are introduced one after another into what appears to be a drawing-room but which we discover to be a kind of hell. For these people have died and all expect some kind of punishment. As they realise that there are no torments prepared, they begin to assert themselves and to go on playing the parts they had chosen to play in life. Inès tries to attract Estelle but the latter is more concerned to secure the attentions of Garcin, who in turn is preoccupied more with doubts about his courage than with either of the women. At first Garcin seeks to impose on the others the view of himself that he would like his real self to be. In life he had betrayed his comrades and died a coward; he tries now to justify himself as brave and to show that he was a victim of circumstances. Inès and Estelle begin also to present their favourite façades but the fictions soon break down. They all end by seeing one another as they truly had lived and made themselves. This is their torture: to be condemned eternally to face one another and to be seen as they really are, and because life is over for them, to lack the possibility of change that life offers: " . . . l'enfer, c'est les Autres".

In 1945, soon after the liberation of France, Sartre published the first two volumes of the novel *Les Chemins de la Liberté* on which he had been engaged since before the war began. The first volume, *L'Age de Raison*, treats of the individual's search for meaningful activity in a world on the verge of war. A complex story dealing with a number of different people, it is told from the point of view of each of them in turn, and Sartre refrains deliberately from intervening in the narrative and commenting on character or action. Mathieu, the principal character, is anxious to preserve his liberty and yet anxious to give purpose to his life; others conform to some conventional pattern like bourgeois respectability or militant Communism and surrender their liberty to a code or a creed. The problems of choice, of commitment, of liberty and of authenticity are all expressed through the action of the novel. The second volume, *Le Sursis*, continues the story into the period between the Munich conference (which postponed hostilities) and the outbreak of war. Here, Sartre changes to a technique of simultaneous narration in an attempt to illustrate the interdependence of men and the common nature of the problems confronting them. The third volume, *La Mort dans l'Ame*, not published until 1949, carries the story up to the defeat of France and into the prisoner of war camp. Here, and in the few chapters so far published of the fourth volume, it is the attitudes of men, whether as soldiers, prisoners, Communists, artists or civilians, that are under examination. The conclusion inescapably emerges that each individual must decide lucidly and for himself how to act in the situation in which he finds himself. There is no escape from choice, nor does liberty lie in refusing to commit oneself to action or in following the dictates of some external authority. By his choice a man demonstrates what he values and in so doing he affects other men.

This conception of the individual's responsibility to himself and to his fellows was further elaborated by Sartre in the article presenting the first number of the new monthly review *Les Temps modernes* which, with a group of talented contributors, he launched in October 1945. It has since flourished and become one of the most influential organs of radical political and social thought in contemporary France. In his article, Sartre argued that the writer operates in a given historical situation and should address himself to his contemporaries, not to posterity.

...notre intention est de concourir à produire certains changements dans la Société qui nous entoure. Par là, nous n'entendons pas un changement dans les âmes: nous laissons bien volontiers la direction des âmes aux auteurs qui ont une clientèle spécialisée. Pour nous qui, sans être matérialistes, n'avons jamais distingué l'âme du corps et qui ne connaissons qu'une réalité indécomposable: la réalité humaine, nous nous rangeons du côté de ceux qui veulent changer à la fois la condition sociale de l'homme et la conception qu'il a de lui-même. Aussi, à propos des événements politiques et sociaux qui viennent, notre revue prendra position en chaque cas. Elle ne le fera pas *politiquement*, c'est-à-dire qu'elle ne servira aucun parti; mais elle s'efforcera de dégager la conception de l'homme dont s'inspireront les thèses en présence et elle donnera son avis conformément à la conception qu'elle soutient. Si nous pouvons tenir ce que nous promettons, si nous pouvons faire partager nos vues à quelques lecteurs nous ne concevrons pas un orgueil exagéré; nous nous féliciterons simplement d'avoir retrouvé une bonne conscience professionnelle et de ce que, au moins pour nous, la littérature soit redevenue ce qu'elle n'aurait jamais dû cesser d'être: une fonction sociale.

Inevitably there followed a great deal of controversy over this doctrine of *commitment*, especially when Sartre in a further series of articles entitled *Qu'est-ce que la littérature?* amplified his views, dismissing the classics as obsolete and bourgeois literature as irrelevant and declared that no good work of art could be written which implied exploitation, repression and the denial of liberty.

By now Sartre had become not only an acknowledged leader of French thought and a most successful writer but also, because he was critical of all accepted institutions and values, the leader of the young. Existentialism became a fashion that spread beyond the confines of philosophy and literature into daily life. For a time the word was used as a slogan, both as a rallying cry amongst the rebellious and as a term of abuse by their opponents. The war years had witnessed the cult of the *zazou*, for many of the young showed their refusal to conform to the conventions of the Occupation by unconventional behaviour and by dress which rationing helped them to make even more unconventional. The *Illustration* of March 28, 1942, thus described the *zazou*:

Les hommes portent un ample veston qui leur bat les cuisses, des pantalons étroits froncés sur de gros souliers non cirés et une cravate de toile ou de laine grossière... Ils lustrent à l'huile de salade, faute de matières grasses, leurs cheveux un peu trop longs qui descendent à la rencontre d'un col souple maintenu sur le devant par une épingle transversale. Cette tenue est presque toujours complétée par une canadienne dont ils ne se séparent qu'à regret et qu'ils gardent volontiers mouillée. Car ils ne sont vraiment eux-mêmes que sous la pluie. Obéissant en cela à des rites qui leur sont chers, ils traînent avec délices leurs pieds dans l'eau, crottent leur pantalon, exposent aux averses leurs cheveux touffus et gras. Quant aux femmes, elles cachent sous des peaux de bêtes un chandail à col roulé et une jupe plissée fort courte: leurs épaules, exagérément carrées, contrastent avec celles des hommes, qui les «portent» tombantes; de longs cheveux descendent en volutes dans leur cou; leurs bas sont rayés, leurs chaussures plates et lourdes; elles sont armées d'un grand parapluie qui, quelque temps qu'il fasse, reste obstinément fermé.

The rallying call of the *zazou* was 'swing' and the cult spread from students and bohemians to the more leisured and wealthy. There was nothing new then, only a change of slogan and of leadership, in the "existentialist" craze of the late '40's. There were "existentialist" bars and cafés, "existentialist" night-clubs and cellars (in one of which Juliette Greco made her reputation), "existentialist" dress, hair-styles and behaviour, all claiming some kind of mythical relationship to the literary movement associated with Sartre and his collaborators who met and talked in the cafés near Saint-Germain-des-Prés. In this phase, the word "existenti-alist" became as meaningless as "teen-age" and "teddy-boy" be-came in England at about the same time and it was used with the same lack of discrimination, as a blanket term of abuse, as a commercial slogan and as a smart word amongst the lunatic fringe. All this was very far removed from the real preoccupa-tions of Sartre.

His creative writing at this time exemplified the views expressed in *Qu'est-ce que la littérature?* The play *Morts sans sépulture* (1946) dealt with torture and tyranny during the Resistance movement as well as with the irrationality of events, with chance that mocked man's efforts and with the basic problem of choice. A group of Resistance fighters captured by the militia face the prospect of torture and the possibility of betraying their comrades under the stress of physical pain. Each is alone with his problem yet all are involved. Does torture leave them free in any real sense to choose to die rather than betray? Are those who refuse to speak acting from a sense of duty and loyalty or have they become involved in a nightmarish competition with their torturers to see who can win? What are the limits of a man's courage? These are the questions raised in the play. It ends ironically: the prisoners agree to speak but give false information in order to save their lives for further resistance; no sooner have they spoken than the torturers break their promise to free them and kill them

25

all. Presented at the same time, the play *La Putain respectueuse* dealt with the racial problem in the south of the United States, while an essay, *Réflexions sur la question juive*, directly attacked anti-semitism and other forms of racial intolerance.

Similar problems of choice in a political context are the subject of *Les Mains sales* (1948), which was inspired by the circumstances surrounding the assassination of Trotsky.* Here Hugo, a young middle-class intellectual, in his anxiety to deny his middle-class values and prove himself a loyal party member, accepts the task of assassinating Hœderer, a party leader whose policy seems to the pundits to be deviationist. Hugo comes to respect and admire Hœderer, whose policy is based not on abstract principle but on the realities of the immediate situation and on affection for his fellow-men. But Hugo needs to prove himself and he is the prey of conflicting desires. Eventually, finding Hœderer kissing his wife, Hugo shoots him, not from political motives nor out of jealousy entirely but because he feels he has been duped and betrayed by him. The ambiguity of the deed becomes a second important theme in the play, for Hugo, on release from prison, is required by the party to affirm that he killed out of jealousy. Hœderer's policy has been vindicated by events, he has been restored to the ranks of the heroes and there must be no thought that he was ever suspect politically. Hugo is therefore given at this juncture the opportunity to choose the meaning to be attributed to his deed. He opts at the cost of his own life to call it a political crime and so to show both Hœderer and himself as men who choose to act on the basis of what they believe right in given circumstances rather than on the basis of the party line.

Le Diable et le bon Dieu (1951) is very different; more chronicle than *drame*, it deals with the experiences of Gœtz, a mercenary leader during the Peasants' Revolt in Germany. Avenging on the world his illegitimacy and sense of not-belonging, he seems to delight in cruelty and destruction until he is made to face the challenge that no man can do good. A complete reversal of behaviour leads him to set up a community in which property and war are outlawed and which is isolated from the

* Beauvoir, *La Force des choses*, 166.

turbulent world of the Revolt. Finally, he is brought to the realisation that neither God nor the Devil exists, that there is neither Good nor Bad, that the only reality is man, to whom all individuals owe a duty and for whom all must act as they think best, in honesty and generosity. The play ends with his taking up once again the leadership of the peasant army and ordering the execution of those who disobey him. "N'aie pas peur, je ne flancherai pas. Je leur ferai horreur puisque je n'ai pas d'autre manière de les aimer, je leur donnerai des ordres, puisque je n'ai pas d'autre manière d'obéir, je resterai avec ce ciel vide au-dessus de ma tête, puisque je n'ai pas d'autre manière d'être avec tous. Il y a cette guerre à faire et je la ferai". The situation requires that he should kill some in order to free the many, just as Hœderer had been compelled to dirty his hands and forsake the party line in order to do what the situation required in the interests of the majority.

In 1953 Sartre adapted *Kean*, a play by Alexandre Dumas, of which the theme is the difficulty of being oneself, of not becoming imprisoned either in the image imposed by one's public or in the image one would like to present to the world. The nature of personality and the difference between "public" and "private" faces become in *Nekrassov* (1955) the occasion for a satire of capitalism and the capitalist press. A young adventurer impersonates a famous Soviet citizen who is declared to have sought liberty in the West, and this story is melodramatically developed into a series of hilarious scenes and farcical encounters.

Sartre's latest play to date, *Les Séquestrés d'Altona* (1959) marks a return to the serious highly organised *drame*, posing the problems of cruelty, liberty and authenticity again. Franz has been so distressed by his war-time experiences—fear, torture, murder and betrayal—that he locks himself away, refusing to face the present and composing a mad justification of himself and his country for a posterity of inhuman crab-like creatures. The capitalist father has taken risks, committed crimes, sacrificed his own life for the sake of his business, but it has grown beyond his control; moreover he is condemned to die of an incurable disease. There is no communication between father and son, no trust

27

within the family; all the characters are caught in a trap, largely of their own making but partly the product of their society. The theme of torture, echoing *Morts sans sépulture* and showing man's inhumanity to man and the individual's denial of freedom to a fellow-man, was in 1959 topical, for the Algerian war had raised the question in very ugly form. Sartre was undoubtedly here expressing downright condemnation of the use of torture by both sides. It is an illustration of the doctrine of commitment set out in his manifesto of 1946 *Qu'est-ce que la littérature?*

Since 1946 he had taken a stand on a number of important issues: the Marshall plan, Soviet forced-labour camps, repression in Hungary, the Suez expedition, the Algerian war and so on. But he had not followed any party line. Indeed, in his search for a party, he had in 1948 with David Rousset and Gérard Rosenthal attempted to launch a new movement, the Rassemblement Démocratique Révolutionnaire, which was to bring together all left-wing sympathisers without destroying the links each had with his own party. The aims were set forth in a joint publication, *Entretiens sur la politique* (1949), but the promoters soon disagreed and the movement never took hold.

Later in *Critique de la raison dialectique* (1960), Sartre attempted to reconcile existentialism with Marxism, the lived experience of the free individual emphasised by existentialism with the Marxian analysis of the historical and social factors which condition the individual. For him, Marxist determinism is wrong in denying free-will though he recognises now greater limitations on individual freedom than he did. His political activity has increased. Attacked by both left and right, he has gone his own way, championing the oppressed and denouncing the powerful. On the Russell Tribunal he attacked in 1966–7 American policy in Viet-Nam, but in 1969 he denounced the Russian invasion of Czechoslovakia. He refused the Nobel prize in 1964 to avoid being 'institutionalised', he supported the French students in May 1968 and attacked de Gaulle. Indeed he has been more directly *engagé* than he was as novelist and playwright and his literary activity has decreased. Significantly, he has recently devoted three exceedingly long volumes to an analysis of Flaubert, elaborating his theories on psychology and art. He now seems to see the artist as impotent to affect events, and literature as a form of self-indulgence. Yet he has himself by his writings changed the intellectual climate of the West and is acknowledged by many as a leader.

Existentialism

In this review of Sartre's career and of his major writings, a certain number of ideas and themes have recurred and the moment has come to relate them, however briefly, to what is known as existentialist philosophy. Much has been written in explanation and in criticism of existentialism; many excellent treatises are available. Here, however, we must be content with an outline of Sartre's thought and some explanation of the salient ideas, at the risk of simplifying the issues and of not doing justice to the complexity and subtlety of Sartre's reasoning as well as of neglecting the cogent objections that have been urged by other philosophers.

First we must note that Sartrean existentialism is but one of a number of philosophies of existence, of which some are Christian and some atheistic. They have in common that they accord greater importance in their thinking to existence, to the individual and to the concrete, than to essence, to the universal and to the abstract. This basic distinction between existence and essence may be illustrated by a number of examples. The mathematician, for instance, may conceive of a geometrical figure which has no counterpart in the world of objects; this figure is therefore possible though not actual; here essence has no correspondent in existence. Similarly, the chemist may imagine a substance of which he can predict the properties and decide the composition—that is draw up the formula or definition—though that substance does not yet exist. By synthesis, he may be able to create it and then, but only then, will essence and existence correspond. A homelier example is provided by Sartre himself who speaks of the everyday object like a paper-knife which has been made according to a previously determined design or plan. In all of these cases essence (the concept or the definition) precedes, and even in some cases has no counterpart in, existence.

Most philosophers until the late nineteenth century were "essentialist", that is to say they worked with abstractions or definitions, with essences. Existentialist philosophers argue, however, that the essence may not correspond to any phenomena in the world as we know it, and that in any case the abstraction takes no account of the individual peculiarities which distinguish one thing from another in the general class; the abstraction, Man, that is, ignores the features which distinguish one man from another. They consequently prefer to base their thinking on what is observable, what actually exists rather than to discuss essences. Existence, they claim, precedes essence.

For Sartre, this claim is associated with the non-existence of God and the "contingency" of the world. We have already seen that Roquentin, in *La Nausée*, is overwhelmed to the point of feeling physically sick at the realisation that there is no necessity, no relationship in the world of things. They exist and he exists but there is no reason discoverable why they should exist as they do nor why he should exist. "L'essentiel c'est la contingence. Je veux dire que par définition, l'existence n'est pas la nécessité. Exister, c'est être là simplement".* He is acutely aware of the existence of things, of their "thinginess", but they appear to him superfluous, unnecessary, gratuitous. In fact, he discovers the "contingency" of the world, the absence of principle, design, purpose. He discovers too that he is in the same case; he is without justification, as he puts it. This discovery is a recognition of the absurdity, the irrationality of the world, which is but a chaos of unrelated objects.

These objects, Sartre says, are of two kinds, human beings who are conscious and other objects which are without consciousness and which are fixed and inert. The latter class, which includes such things as stones, tables, chairs, in fact the whole world of material objects with the exception of men, is called by Sartre *en-soi*. They are unchanging, unreflecting, determined; they are without liberty, without significance, without relationship

* *La Nausée*, 166.

30

and quite gratuitous. Men, however, are conscious of themselves, they are self-regarding objects, which exist for themselves, and so Sartre classes them as *pour-soi*. Men are conscious also of the objects around them and, by their consciousness of objects, relate these objects to one another and so confer upon them pattern and meaning. When an object is not so held in consciousness it drops into nothingness for man, it does not exist for him. Similarly there is between consciousness and the object of consciousness a gap or void which is nothingness. The self is in fact surrounded by an aching void out of which from time to time objects surge into its consciousness. This void is what Sartre calls *le Néant* or nothingness, a technical term which carries no implications of nihilist thought. Human beings themselves are both objects *en-soi* as to their bodies and *pour-soi* as to consciousness. So that the void is not only all around but also within. It is our sense of this void that fills us with the anguish which in *La Nausée* is equated with physical sickness. We seek to overcome it by endeavouring to coincide with the objects of our consciousness, but vainly. The thing *in itself* can never be the thing *for itself*.

It is in fact possible, according to Sartre's analysis, for men to assimilate themselves to things but this involves a denial of the *pour-soi*. They become inert, fixed and passive, imprisoning themselves in some state, refusing to exercise their liberty and denying consciousness, as we shall see later. Most of human life is spent oscillating between the two realms of *en-soi* and *pour-soi* and this is translated by Sartre in his creative work by the use of terms indicating hardness and opacity for the *en-soi*, translucency for *pour-soi*, and viscosity, stickiness and so on for the half-world between consciousness and inertness. This is why so many of his characters are typified by physical terms expressive of distaste.

A further important point is the corollary that other people are objects for our consciousness. They exist for us as *en-soi* yet we realise that they are conscious. We exist for them as objects *en-soi*, that is we become objects *pour-autrui*. Since it is consciousness which gives pattern to the world and meaning to objects, there is here a duel between consciousnesses, between rival patterns and meanings. Relations between human beings are therefore characterised by tension. Are we to treat the Other as a free, valuing consciousness or as an inert object on which we exercise our will and which we treat as no more important than any other object in the world outside us? If we treat Others as objects, we shall deny their liberty, exploit and dominate them; we shall treat them as the sadist does, as objects of our pleasure. On the other hand we may go to the opposite extreme and seek in their eyes the reflection of some self we would like to assume; we shall then make ourselves into *en-soi* objects for the Other and so deny our *pour-soi* attributes. Further, we may also be conscious of the Other's gaze and feel that it is hostile to us, as is the case in *Huis clos*. Finally, we may seek in the Other some justification, however illusory, of our existence: to be loved is to be valued. For Sartre it seems that love is a duel in which each person seeks to treat the Other as an object, a mere instrument for the gratification of the self. But love is not condemned to be so, for the self can by a great effort recognise the freedom of the Other.

The world of objects classified by Sartre as either *en-soi* or *pour-soi* and complicated by the *pour-autrui* relationship between individual *pour-soi* is then chaotic and unrelated except in so far as men introduce order and value into it. For the believer, the existence of God may introduce a principle of harmony and a plan into the universe. Other beliefs may similarly produce order out of chaos. But for Sartre God does not exist and neither man nor the world is justified. Nor is there any concept of human nature laid up in Heaven, so to speak; there is no God to conceive of the essence of man. The nature of man could no doubt be defined one day, after men have existed and their features have been observed, though this would require some non-human observer, like the court of crabs in *Les Séquestrés d'Altona*, to draw up the description and so define the essence of man. From the existences, that is, the essence could be defined. As things are, however, it follows that men are what they make themselves, they are what they do. "L'homme, tel que le conçoit l'existentia-liste, s'il n'est pas définissable, c'est qu'il n'est d'abord rien. Il ne sera qu'ensuite, et il sera tel qu'il se sera fait . . . l'homme n'est rien d'autre que ce qu'il se fait."*

This absence of pre-ordained principle and design in the universe has for Sartre, though others draw different conclusions, two important consequences. In the first place, men are free; in the second place, men have no guide: there are no prohibitions and no recommendations to which we should conform. Sartre echoes the cry of Ivan in Dostoievsky's *The Brothers Karamazov*: "If God does not exist, then everything is permitted". "En effet, tout est permis si Dieu n'existe pas, et par conséquent l'homme est délaissé parce qu'il ne trouve ni en lui, ni hors de lui, une possibilité de s'accrocher. Il ne trouve d'abord pas d'excuses. Si, en effet, l'existence précède l'essence, on ne pourra jamais expliquer par référence à une nature humaine donnée et figée; autrement dit, il n'y a pas de déterminisme, l'homme est libre, l'homme est liberté. Si d'autre part, Dieu n'existe pas, nous ne trouvons pas en face de nous des valeurs ou des ordres qui légitimeront notre conduite. Ainsi nous n'avons ni derrière nous, ni devant nous, dans le domaine lumineux des valeurs, des justifications ou des excuses. Nous sommes seuls, sans excuses. C'est ce que j'exprimerai en disant que l'homme est condamné à être libre. Condamné, parce qu'il ne s'est pas créé lui-même, et par ailleurs cependant libre, parce qu'une fois jeté dans le monde, il est responsable de tout ce qu'il fait".†

This responsibility places a heavy burden on the individual, for he chooses, without external guide, not only for himself but for other men. What a man chooses expresses his view of what it is right for a man to do and so creates values which contribute to the definition of man. "En effet, il n'est pas un de nos actes qui, en créant l'homme que nous voulons être, ne crée en même temps une image de l'homme tel que nous estimons qu'il doit être. Choisir d'être ceci ou cela, c'est affirmer en même temps la valeur de ce que nous choisissons, car nous ne pouvons choisir le mal; ce que nous choisissons, c'est toujours le bien, et rien ne peut être bon

* *L'existentialisme est un humanisme*, 22.
† ibid., 36–7.

pour nous sans l'être pour tous".* The responsibility of the individual is thus enormous; he is responsible for the whole of humanity, for he introduces values into the world.

Nor are men free not to choose; the refusal to choose is itself a choice, an expression of values. As Sartre says, men are condemned to be free. Hugo, in *Les Mains sales*, is compelled to choose whether to kill Hœderer or not, and then he is compelled to choose what significance is to be attached to the killing; his decision will affect the party and history. Mathieu, in *Les Chemins de la liberté*, is so in love with his freedom that he seeks to remain uncommitted, only to realise finally that to abstain from action is a kind of action; he does not marry Marcelle and this determines their relationships; he takes no part in the Spanish Civil War and this means that he refuses to fight for or against liberty; in fact, he chooses inaction, that is, non-participation in the world of men.

Gœtz, in *Le Diable et le bon Dieu*, discovers the absence of standards other than human, and though for him, after he has attempted to conform his life first to one then to another external and illusory code (Good and Evil), the revelation brings some exhilaration, it also lays upon him a grievous burden. He has to accept the generalship of the peasant armies and responsibility for shaping the future of the peasants and Germany. It is this realisation of his loneliness and of his responsibility which fills the existentialist with anguish and despair. The proper response is to face the situation courageously and to accept the burden, to pass beyond anguish and despair to action and life. "La vie commence de l'autre côté du désespoir", says Sartre.

This is the "authentic" response, that based upon the facts of the situation. Some, however, refuse to face facts and take cowardly refuge in blindness or in the creation of beliefs that have no warrant in reality. Sartre calls them "salauds" and charges them with a kind of hypocrisy or "mauvaise foi". There are those who imagine an order in society which justifies their way of life: the bourgeois and the self-important who delude themselves into thinking that property or society or respectability

* ibid., 25.

34

or some other such slogan is an adequate reason for exploiting their fellow-men and setting themselves above others. There are those who seek an excuse for inaction and acceptance of the world as it is by reference to "the nature of things" or less overtly by a belief in their own superiority. Others again abdicate their liberty and blindly follow the dictates of a party or a faith. For Sartre these men have refused to face the facts, they have invented a reason for living and the lives they lead are not authentic. The notabilities in *La Nausée* and the capitalist in *Les Séquestrés d'Altona* are typical.

Another form of deception is practised by those who create an image of themselves as they wish to be seen by their fellows and who become the prisoners of this image. They play a part, seeking justification in the eyes of others and concealing their own true selves. The judge who is always judicious, the doctor who never departs from his bedside manner, the waiter who plays the part of a waiter, these are examples of such contrived and unauthentic behaviour. Their lives are made up of actor's gestures; they never perform actions, they only act.

An equally false mode of living is under attack in *Huis clos*, where for Garcin initially the crucial question is what other people think of him rather than what he is. Like some of the characters in *Les Chemins de la liberté*, he makes the mistake of thinking that our past determines our present: once a coward, always a coward. For Sartre, however, this is quite untrue. Men are free to make themselves what they choose to be. Obviously, they are not free to become 6' 6" tall, or to have brown eyes, or to have been born French rather than German. Heredity and circumstances do limit our freedom. But within the limits of our situation we are free. One cowardly act is not enough to transform us into cowards; we are free to be brave again should we so choose. Garcin's punishment is to be unchangeable because he is dead, but while there is life there is freedom to change. This is the message that Orestes in *Les Mouches* brings to the people of Argos, sunk in contemplation of past wrongdoing.

In literature, this idea makes Sartre hostile to the older forms of novel-writing in which characters are defined, set down in a

35

given situation and then put through their paces. He is insistent that, as in life, the characters of fiction should be free at any time to change. "C'est pourquoi chacun de mes personnages après avoir fait n'importe quoi, peut faire encore n'importe quoi . . . Je ne calcule jamais si l'acte est vraisemblable d'après les autres actes, mais je prends la situation et une liberté enchaînée en situation. Ce qui m'intéresse c'est de développer la situation."* Sartre speaks of the theatre in the same way: "S'il est vrai que l'homme est libre dans une situation donnée et qu'il se choisit libre dans une situation donnée et qu'il se choisit lui-même *dans* et *par* cette situation, alors il faut montrer au théâtre des situations simples et humaines et des libertés qui se choisissent dans ces situations. Ce que le théâtre peut montrer de plus émouvant est *un caractère en train de se faire*, le moment du choix, de la libre décision qui engage une morale et toute une vie".† This is eminently the case in Les Mouches, Sartre's first play.

Les Mouches

When *Les Mouches* was first performed at the Théâtre de la Cité in Paris on June 3, 1943, during the German occupation, theatrical activity was, strangely enough, as intense as it had ever been. "Enfermés dans un immense camp de concentration, soumis au contrôle d'une armée et d'une censure ennemies, les Français, et singulièrement les Parisiens, demandèrent au théâtre l'évasion nécessaire. Ils y cherchèrent également une raison d'espérer dans cette manifestation d'une culture demeurée vivante en dépit de toutes les traverses. Malgré les privations, les alertes, les transports difficiles ou inexistants, pendant quatre ans on se rua au théâtre".‡ There were few films and the cinema could not compete with the theatre; by the end of 1940 more than thirty theatres were active, while by 1941 receipts had

* *Lettres françaises*, 24.11.1945.
† cit. Jeanson, *Sartre par lui-même*, 11–12.
‡ G. D. Vierge: *L'Art dramatique . . . depuis* 1914, in *Le Théâtre moderne*, ed. J. Jacquot, Vol. I, CNRS, Paris 1958, 21.

reached an unprecedented peak.* The Germans frequented the Opera rather than the theatre, it appears, but the occupying authorities certainly seem to have favoured the theatre by making available, even in times of greatest scarcity, materials for costumes and stage sets, perhaps on the principle that a population with no opportunities for amusement is dangerous. Nor did the censorship apply so strictly as to hamper the production of plays as politically directed as those of Anouilh, Camus and Sartre.

From another point of view, too, the theatre may be said to have flourished during the period 1940–45. Audiences were perhaps more serious-minded and more ready to tolerate serious plays and experimentations. It is certain that the efforts of Jacques Copeau, Charles Dullin, Georges Pitoëff, Gaston Baty and other producers who had striven since 1914 for a revitalising of performance, a rejection of naturalistic effects on the stage and a care for the play as a work of art, achieved general recognition in this period. Copeau was for a time given charge of the *Comédie-Française* and Dullin took over the *Théâtre de la Cité*. Younger men brought up in their tradition, like Jean Vilar and Jean-Louis Barrault, came to the fore with new companies, while regional companies were founded and lived to achieve success in the years after the war. As well as renewing the interpretation of the classics of the French theatre, these producers put on performances of great foreign classics, for example Shakespeare and Strindberg, and welcomed new ideas. New writers were attracted to the theatre: the novelist Montherlant wrote *La Reine morte* for production at the *Comédie-Française* in 1942, Anouilh achieved fame, while Camus and Sartre found in the theatre an audience for their new view of life. One of the most telling facts showing the vitality of the theatre under apparently adverse circumstances is the remarkable success achieved in 1943 by Barrault's production, in collaboration with the author, of the very long verse drama of Claudel, *Le Soulier de Satin*. This was the first production of a play, written as early as 1925, which had deterred pre-war producers by its complication and

* L. O. Forkey: *The Theatres of Paris during the Occupation* in *The French Review*, Feb. 1949, 299, 301.

its length in spite of the general agreement that Claudel was a genius.

The writing of *Les Mouches* was due almost to an accident. As we have seen, Sartre was a frequent theatregoer and had become friendly with the producer Charles Dullin. For a time in fact Sartre gave lectures to Dullin's company on Greek tragedy and the history of the theatre. Amongst Sartre's circle of acquaintances were two young women who sought a career on the stage, and one day it was suggested that Sartre should write a play which would serve as a vehicle for their talents. During his stay in the prisoner of war camp he had already had the experience of writing a Christmas play for his fellow prisoners and had pulled the wool over the eyes of the German censors by means of symbols. The play, called *Bariona* and ostensibly dealing with the coming of Christ, in fact dealt with the Roman occupation of Palestine and was a covert call to resistance. He had been deeply impressed by the enthusiastic teamwork that its production inspired as well as by the remarkable silence and attention of the captive audience. This made him realise what theatre ought to be: a great collective phenomenon, an appeal to a public with whom the writer shared a common experience and a common situation. Now again Sartre and his potential audience shared a common situation, the Occupation; he therefore set to work to find a way of expressing his belief in liberty. The state of mind of Parisians at this moment has already been briefly mentioned, but in order to understand the emotional atmosphere in which Sartre began to write it is worth while considering two further descriptions of it. Madame Dussane, the actress and dramatic critic, wrote: "At that time there was a widespread attitude of refusal and disobedience, which was, according to the individual temperament, a purge, a discipline, a frenzy or a superstition, and which among philosophers, poets and artists, developed into a system, and even into an inverted ethic. Through them a vast *no* hurtled its way through the metaphysical heavens, but it had its humble roots in the thousand daily *noes* of ordinary people".*
And Sartre himself described the position as follows:

* cit. H. Hobson, *The Theatre Now*, 32.

Nous avions perdu tous nos droits et d'abord celui de parler; on nous insultait en face chaque jour et il fallait nous taire; on nous déportait en masse, comme travailleurs, comme Juifs, comme prisonniers politiques; partout, sur les murs, dans les journaux, sur l'écran, nous retrouvions cet immonde et fade visage que nos oppresseurs voulaient nous donner de nous-mêmes: à cause de tout cela nous étions libres. Puisque le venin nazi se glissait jusque dans notre pensée, chaque pensée juste était une conquête; puisqu'une police toute-puissante cherchait à nous contraindre au silence, chaque parole devenait précieuse comme une déclaration de principe; puisque nous étions traqués, chacun de nos gestes avait le poids d'un engagement. Les circonstances souvent atroces de notre combat nous mettaient enfin à même de vivre, sans fard et sans voile, cette situation déchirée, insoutenable qu'on appelle la condition humaine.*

Denunciations, spying and arrests made each thinking man aware of his responsibility for and solidarity with his fellows. To choose to fight for liberty was to face the possibility of torture alone and death in secret.

The theme of liberty was then peculiarly topical in the political circumstances as well as being peculiarly important to Sartre philosophically. The form his play should take arose in part from this theme. The German censorship, however mild and however blind, would scarcely authorise the performance of a play calling on the audience to fight for liberty and subvert tyranny. Some cover was required. An ancient myth had the advantage of literary respectability and apparent lack of relevance to contemporary events. Moreover, the French theatre had for long flourished on modern interpretations of ancient stories. To say nothing of the great plays of Corneille and Racine in the seventeenth century, there had been many revivals in the nineteenth and twentieth. Offenbach, for example, had scored a great success with his version of the Orpheus story, and Sartre himself had played in a production of *La belle Hélène* while at the École Normale Supérieure. Between the wars Cocteau, Gide and Giraudoux had all made use of legendary characters, stories and situations in order to present their new ideas with the

* *Situations III*, 11–12.

maximum of effect. The modern playwright indeed finds in the myths stories and situations which deal with the greatest and most human of themes; simple in plot, they are suggestive in content and universal in their application. The dramatist can rely on the audience knowing the story and the characters and he is able to concentrate his attention on what seems to him most important. Giraudoux in *La Guerre de Troie n'aura pas lieu* had been able to show Hector vainly struggling to avert a war that the audience knew would happen and so had been able forcefully to depict the impotence of men of good will in the face of the folly of the chauvinists and the caprice of the gods. It was not the story or the characters which impressed the audience so much as the new and topical interpretation of a familiar legend.

For Sartre himself the myth was also a form in which his thought found natural expression. His earliest writings include myths invented to express his ideas. Moreover the theatre for him is not concerned with psychological analysis and with the examination of the behaviour of a given character so much as with the way in which a character reacts to and forms himself within a situation. Characters in the process of becoming are what interests the existentialist. In a talk to Kenneth Tynan of *The Observer* (25.6.61) he makes this point clear and it is relevant even to so early a play as *Les Mouches*. "At bottom, I am always looking for myths; in other words, for subjects so sublimated that they are recognisable to everyone, without recourse to minute psychological details.

"Let me give you an example. If I write another play, it will be about the relationship of a husband and a wife. In itself, that would be boring, and so I shall take the Greek myth of Alcestis. If you recall, death comes to seek out King Admetus. This doesn't please Admetus at all; 'I have things to do', he says, 'I have my kingdom to rule, I have a war to win!' And his wife Alcestis, who regards herself as utterly superfluous, offers to die in his place. Death accepts the bargain, and then, taking pity on her, sends her back to life. That is the plot. But my version would imply the whole history of female emancipation: the woman chooses the tragic course at a moment when her husband has refused to face death. And when she returns, she is the powerful one, because poor Admetus will always be the man of whom it is said: 'He allowed his wife to die for him!'"

Similarly, in the same talk, Sartre makes the important point that the theatre "is not concerned with reality; it is only concerned with truth. The cinema, on the other hand, seeks a reality which may contain moments of truth. The theatre's true battlefield is that of tragedy—drama which embodies a genuine myth . . .. By seeking truth through myth, and by the use of forms as non-realistic as tragedy, the theatre can stand up against the cinema." Earlier, in an article entitled *Forgers of Myths*,* Sartre had made an allied point. The dramatist's mission, he said, was to present to his audience myths they can understand and feel deeply, to speak to them in terms of their most general preoccupations, and to dispel their anxieties. The author must project for the audience an enlarged and enhanced image of its own sufferings, dealing with the great myths of death, exile and love.

Sartre's search for a form soon brought him to the story of the Atrides, the family of Agamemnon and Clytemnestra and their children Electra and Orestes. Giraudoux had in 1937 followed up his very successful *La Guerre de Troie n'aura pas lieu* with a much less successful version of the Electra story, in which Electra, at first ignorant of her mother's crime, subsequently discovers it and is then faced with the dilemma whether to allow her father's murderers to go unpunished or to bring disaster and misrule upon Argos by killing the successful ruler Aegisthus. It is possible that Sartre may have wished to outdo Giraudoux, of whose work he had a low opinion, and it is certainly easy to see in the role of Jupiter a part very like those favoured by Jouvet, but it is much more likely that it was the story of Orestes which attracted Sartre and not any thought of emulation or competition.

The Orestes story furnished the three great Greek dramatists, Aeschylus, Sophocles and Euripides, with a powerful and compelling theme and their works, numbered amongst the great

* *Theatre Arts Monthly*, xxx, 324–335.

classics of European literature, were certainly known to Sartre. The Oresteian trilogy of Aeschylus, *The Agamemnon*, *The Choephori* and *The Eumenides*, tells the whole story as a family feud involving apparent conflict between the principles of human and divine justice. In the second of the plays, Orestes returns to Argos at the command of the god Apollo to avenge his father's murder. He finds the people cowed and resentful while Electra, unreconciled to her mother and stepfather and reduced almost to slavery, still awaits her brother's return. Orestes himself is torn between a son's duty to avenge his father and a son's duty to respect his mother. But he is an instrument in the hand of Apollo and, with the connivance of the Chorus of Argives who know no doubts, he kills Clytemnestra and Aegisthus who have become corrupted by their guilt. The third play in the trilogy resolves the conflict of principle: Orestes pursued by the Furies asks the protection of Apollo, who sends him to seek trial and deliverance before the goddess Athene. Her judgment sets aside Apollo's claim for vengeance, bids the citizens enthrone fear as the great safeguard of law but, in consideration of his sufferings after committing the fearful crime of matricide, sets Orestes free from the punishment of the Furies. In the Aeschylus trilogy then man learns through suffering to avoid misdoing and how to achieve justice. "Aeschylus, as it were, hands over to his fellow-citizens the issue of man's perpetual struggle with sin and vengeance, leaves them with the mystery of suffering and free-will. But the note of hopefulness is only the last note of a long and tragic tune".*

The *Electra* of Sophocles has a different emphasis. Electra seeks vengeance while her sister Chrysothemis counsels prudence and the Chorus bids Electra banish hatred and leave vengeance to the gods. False news comes of Orestes' death and Electra weeps but she resolves to kill the murderers herself. Then Orestes appears and, abetted by Electra, kills first Clytemnestra and then a not unwilling Aegisthus. The approval of the deed by the Chorus ends the play. This is a drama of human vengeance and suffering

* See Penguin Classics edn., 23, prepared by Philip Vellacott to whose introduction I am indebted.

on which Sophocles pronounces no final judgment and to which he offers no sequel.

Euripides, on the other hand, in his *Electra* and *Orestes* presents a very different view. While for Aeschylus the problem is a clash of duties and while Sophocles tells the story as an epic deed, for Euripides the interest lies in the characters of those who could do such things. Electra is part heroic, part neurotic, filled with hate and love, brooding over her father's death, her mother's guilt and the loss of her brother. Orestes is the exile swept away by the passionate will of his sister, fearful of the horrid deed he is brought to perform and haunted by the spectre of madness. When the deed is done both Orestes and Electra give way to a frenzy of remorse. The play ends with a pronouncement by heavenly messengers that the deed was evil. In Euripides the deed is both sinful and inevitable, involving the doer in a maze of evil from which there is no escape; by implication, Euripides rejects the rule of the gods.

Sartre's version is different again. A visit to Greece had left him with a deep impression of Emborio—baking in the midday sun, the houses shuttered and the streets deserted except for one old woman who scuttled away when approached—and in the opening scene of the play he re-created this impression. Dullin's production enhanced the effect with a perpetual buzzing of the flies, with shapeless creatures in black, with hydrocephalic diseased slaves, a monstrous statue of Jupiter and the use of masks for the characters. Jupiter himself was costumed strangely like an Assyrian soothsayer, an evil caricature of the great god of antiquity. Within this atmosphere of gloom and abnormality the people of Argos were shown sunk in contrition, fearful of the dead and of the gods and subservient to the usurper Aegisthus.

When Orestes returns with his teacher, it is in the hope of finding a home where he can feel at one with his fellows. He is not the avenger, spurred on by filial piety or subservient to the gods, but a young man who has been trained by his teacher to value his freedom and to submit everything to the critical examination of his reason. Yet he feels exiled from the world and seeks his place in it. Argos is unwelcoming; plunged in fear and remorse, loathsome with corruption, it is a town avoided by the traveller and has little appeal for Orestes. Electra, for whom he feels pity and some tenderness, awaits not him but the legendary Avenger. Yet his coming has a catalytic effect for he awakens Electra to a realisation that there is a world of joy and happiness outside the realms of Argos and so inspires her to defy Aegisthus and the priests by dancing at the festival of the dead and making mock of the pseudo-religion invented by the rulers to enslave the people. For a moment the people are on the verge of rejecting tyranny. Then Jupiter intervenes with a sign which impresses their superstitious minds. Clytemnestra too, affected by the sight of the young stranger, is moved to tell how she is in bondage to the past, and to make open confession of her guilt, but she begs him to leave for she is sure he brings misfortune. The disguised Jupiter similarly warns Orestes to go.

Even though he had decided that there was no place for him in Argos, Orestes chooses to stay, motivated perhaps by affection for his sister, interest in his mother and curiosity about the festival of the dead that is about to take place. He is shocked by the credulity of the Argives and when they insult Electra he offers her an escape to happiness under his protection. Still intent upon revenge, impatient for the arrival of her brother, she refuses and so he reveals that he is in fact her brother but not the Avenger she expects. Her rejection of him increases his sense of exile; he wonders whether to flee or by avenging his father to content Electra and commit himself to life in Argos at the cost of doing wrong. At this point, when Orestes is still undecided, Jupiter sends another sign counselling resignation and submission; Orestes' pride is revolted and Electra laughs hysterically at this second intervention of the gods.

This is the critical moment. Orestes awakens to a sense of his own power. He has sought in vain to lose himself among his people; he has been tempted to follow the path dictated by Electra; he has been ordered by the gods to submit and to flee from Argos. All of these possibilities open to him were the choices of other people but he is suddenly aware of his freedom to choose for himself, without guidance from others, in full awareness of the situation in which he finds himself. He chooses to kill, not his father's murderers, but his people's tyrants; he chooses to involve himself in the life of his contemporaries and to establish the reign of liberty, to overthrow the rule of the past, of remorse and corruption. Electra, however, does not fully understand; she sees him simply as the Avenger she had longed for. Similarly, facing death and tired of his life of deceit, Aegisthus nonetheless maintains the fiction that Jupiter's will is just. Orestes' reply affirms the contrary: man is the creator of values:

> Que m'importe Jupiter? La justice est une affaire d'hommes, et je n'ai pas besoin d'un Dieu pour me l'enseigner. Il est juste de t'écraser, immonde coquin, et de ruiner ton empire sur les gens d'Argos; il est juste de leur rendre le sentiment de leur dignité (p. 106).

After the deed is done Electra is overcome with horror. In exchange for repentance, Jupiter offers her the excuse that she was young and misled; she did not commit the crime nor really will it. "Tu n'as jamais voulu le mal . . . tu as joué au meurtre." She gladly accepts and so chooses the way of life that Clytemnestra, Aegisthus and the Argives before her have accepted: subservience to the gods and repudiation of her act, an interpretation of life that till now she had rejected. To Orestes, Jupiter offers the throne left vacant if he too will repent and disavow his deed. But Orestes refuses the bargain and Jupiter, after fulminating melodramatically and in vain, acknowledges defeat. Orestes can now announce to the people of Argos that they are free, though Jupiter warns him that the burden of their freedom will lie heavy on them. Electra repudiates Orestes, the Erinnyes watch him, eager to see him weaken and become their prey, the people of Argos rail against him. But he does not weaken, he goes out from the darkness into the light and proclaims his responsibility though not his repentance. He has killed to release his people from tyranny and though the gods have offered him the throne he will not accept it. The only dominion he seeks is over the self. He calls on men therefore to begin life anew and leaves them to begin anew his own life.

Of the other characters, all of them more representative of attitudes than creatures of psychological interest, Electra is perhaps the most important, representing as she does the conventional reaction to the initial situation. Her revolt against the rule of Aegisthus and the false religion is not an affirmation of liberty. She wishes to avenge her father's murder and overthrow the usurper but she is just as much a prisoner of the past and of convention as are the people of Argos. When freedom from the rule of the gods is offered to her she recoils; she will not accept responsibility for her own deeds and for her own life. The valley of despair through which she would have to travel to reach a life of happiness beyond is too frightening and she prefers the comfortable lie that Jupiter offers. "La vie commence de l'autre côté du désespoir", says Orestes. Aegisthus and Clytemnestra are both aware of the lie they live and are weary of it; death comes to them almost as a happy release and it is a measure of their lack of authenticity that they prefer death to life. The pedagogue, while providing a certain amount of cynical wit and of sceptical comment, also represents the product of a rationalist education: the free-thinker who will not commit himself to any belief or action, rather like Mathieu in the early part of *Les Chemins de la Liberté*. The people of Argos, who are charged by Jupiter with experiencing a certain sadistic thrill in Aegisthus' crime and in the shedding of blood, represent that kind of responsibility for events which all who stand aloof from them incur. They are like the people of Europe who let war happen.

Jupiter is a figure of symbolic rather than psychological importance. In a sense he is an actor in the drama but only so long as men choose to take account of him. He hovers in the background and dogs the steps of Orestes; he is the accomplice of Aegisthus and he provides the spectacular auguries which his worshippers call for, yet he is impotent unless men give him power by surrendering to him. The many opportunities for irony which Jupiter's disguise allows are all exploited to discredit a religion of fear. He symbolises not only the principle of tyranny but also the religious belief which Sartre rejects. At the outset of the play Jupiter is called *Dieu des mouches et de la mort*, the principle of corruption and death and so the antithesis of life. For any Frenchman in 1943 the word *mouches* here and in the title of the play must have evoked the slang meaning 'police-spy' and so given the play an immediate relevance to the German police state. The normal sense of the word was also topical in that death had become common and the carrion flies which replace the Greek Furies symbolise the political situation. But there is a further hidden meaning here: Jupiter for the Romans was the prince of light and king of life whose priests were clad in white. Sartre completely reversed the attributes and transformed his Jupiter into a prince of darkness whose worshippers are robed in black. And this is more reminiscent of Satan or of Beelzebub. Etymologically in fact the word Beelzebub means Lord of the Flies and this is the name that both Goethe and Milton give to him. Sartre's Jupiter is then clearly intended to be an anti-God, the negation of what men seek in God.

The language of the play closely parallels the theme. In style as well as in his use of symbolic characters Sartre seeks to give material substance to his ideas. Just as Orestes represents liberty and Aegisthus tyranny, so personifications and imagery translate the complicity, fear, and remorse of the characters. The themes of death, corruption and irrationality are stressed from the beginning of the play in setting and language. In the very first scene words like *mort, noir, sinistre, maudite,* form a train of imagery which links with the theme of fear and flight, with the spectacle of the fly-infested idiot and with the buzzing of the flies and the overpowering heat to create an atmosphere of guilt and horror. Mystery is added by the dubious stranger who follows Orestes and who by his "parlour-trick" banishes the flies. In Scene 2, contrast is provided by the discussion of principle between Orestes and his teacher and then, in Scene 3, the garbage thrown at the statue is used to contrast the cult of the dead with the freshness and zest for life of Electra. Throughout the play such associations are maintained: sickness, flesh, corruption, fear and remorse are linked with mourning, death and religion while purity, joy and light are associated with rebellion and life as in the scene before the tomb and again in the final scene.

Another train of images is connected with the nature of consciousness and with man's desire to be at one with his fellows: the *vide* of which Orestes speaks and his anxiety to become dense, material, weighty and forceful. This arises directly from Sartre's use of such terms in his philosophical works and shows how the existentialist philosopher, by his attention to description rather than to definition, is able easily to clothe his ideas in creative literary forms. The abiding impression made by the play is one of physical infirmity and suffering inflicted by a capricious and contemptuous deity; its overall nightmarish feeling forcefully presents Sartre's vision of humanity in bondage to fear and false ideas.

These false ideas and false gods are obviously incarnate in Jupiter. In addition, the Furies of Greek mythology are transformed in Sartre's play into the ambiguous carrion flies that feed on flesh, symbolising corruption as well as the torments visited by the gods on man. They illustrate in a telling way that capacity of Sartre to give material form to abstractions, seen on a minor scale in such phrases as "ces énormes cris qui ont tourné en rond tout un matin" (p. 59), as "ils regardent notre repentir comme une peste, et ils ont peur d'être contaminés" (p. 73) and as "il a du sang séché sous les ongles" (p. 72).

A further feature of the play is the coarseness of language put into the mouth of the cynical pedagogue, of world-weary Aegisthus and of the melodramatic figure of Jupiter. The guards, as may be expected of them, speak in familiar and racy terms and the vengeful Furies seem to enjoy describing the physical ravages they hope to inflict on their victims. All this gives the play, together with an earthy and realistic flavour, a certain grim comedy, but more important perhaps, it makes Orestes appear by contrast the more dignified and the more admirable. Almost alone of the characters he speaks with tenderness and in noble language of his home, his sister and his people; his emotions and his anguish impress the spectator more than the fulminations of Jupiter; and this makes Sartre's point.

In spite of the vigour of the style, the economy of composition and the dramatic quality of the theme, the play was not well received on its first appearance. Most of the audience understood the criticism of the Occupation and of the Vichy régime implied. Even the German critic of the *Pariser Zeitung* saw the point and said so, while taking credit for writing a not unfavourable review. The majority of journalists, however, writing for a controlled press, preferred not to see the point and attacked the play, criticising its setting, its style, its ideas and dismissing it as a poor imitation of Giraudoux. Audiences were thin and, as the theatre season was ending, the play was taken off. Dullin put it on again during the autumn season, alternating with other productions, but it met with no greater success. Gabriel Marcel, who had given the play a serious review in 1943, comments that in 1943 it had been interpreted inadequately as a satire on the men of Vichy, though it was more obvious in 1951, when the play was put on again, that it expressed without ambiguity Sartre's concept of liberty. Its lack of success seemed to him due in part to the melodramatic quality of certain scenes but most of all to the fact that the members of the audience were unable to relate Sartre's concept of liberty to their own experience.

Marcel went on to criticise Orestes' departure as a flaw in the philosophical argument and other critics have made a similar point. Francis Jeanson, normally a warm supporter of Sartre, says that by his departure Orestes avoids involving himself with the men of Argos, that to offer them the example of liberty is of little use, and that Orestes selfishly seeks to mirror himself as free in the eyes of others. Now it is true that men cannot be made free and that each man has to conquer his own freedom; in this sense Orestes does not confer freedom on the men of Argos. But it is also true that by killing the tyrant he gives them the opportunity to make themselves free. It is untrue that he has not committed himself; he has, like Hœderer and Gœtz, "dirtied his hands" and taken an important part in events. It might further be argued that the myth itself determined the issue and that Sartre in using this myth was primarily concerned with exposing the nature of tyranny and liberty. However, there is another important point, which Jeanson records: there was agreement among the men of the Resistance that their activity should not determine the use to be made of liberty when it was won; no form of government was to be pre-determined; the people of France must decide for themselves. Orestes by his refusal to rule illustrates this attitude and, in the play, it is clear that he had either to take the throne and rule or else leave Argos since everyone there rejected him; there was no place among the men of Argos for him. Quite apart from the Resistance agreement and from the play, it must be remembered that the individual should not in Sartre's view sink into conformity with other men; for Sartre each man faces life alone. Orestes' departure is in keeping with this idea. He has demonstrated that liberty is the all-important value in life, he has won for his fellows political freedom and the chance of a new life; he can do no more for them and so the play ends.

A grim but compelling reinterpretation of the great Orestes myth, it gives powerful expression in terms applicable to contemporary life of Sartre's call to men to seek their freedom and so illustrates a main theme in his philosophy of life.

BIBLIOGRAPHY

PRINCIPAL WORKS OF JEAN-PAUL SARTRE

(Published by Gallimard, unless otherwise stated)

NOVELS AND STORIES

La Nausée, 1938
Le Mur, 1939
Les Chemins de la Liberté: Vol. 1, L'Age de raison, 1945
　　　　　　　　　　　　　Vol. 2, Le Sursis, 1945
　　　　　　　　　　　　　Vol. 3, La Mort dans l'âme, 1949

PLAYS

Théâtre (1947) includes Les Mouches (1943); Huis clos (1945); Morts sans
　sépulture (1946); La Putain respectueuse (1946);
　Les Mains sales, 1948; Le Diable et le bon Dieu, 1951; Nekrassov, 1956;
　Les Séquestrés d'Altona, 1959; Les Troyennes, 1965

FILM SCENARIOS

Les Jeux sont faits, Nagel, 1946; L'Engrenage, Nagel, 1948

ESSAYS AND CRITICISM

Situations I–VII, 1947–1965
Qu'est-ce que la littérature? (Sit. II), 1948
Baudelaire, 1947
Réflexions sur la question juive, Ed. Morihien, 1946
Entretiens sur la politique (J.-P. Sartre, David Rousset, Gérard Rosenthal),
　1949
Les Mots, 1964
L'Idiot de la famille: Vols I & II, 1971; Vol. III, 1972

PHILOSOPHICAL WORKS

L'Imagination, Presses univ. de France, 1936
L'Imaginaire, 1940
L'Etre et le Néant, 1943
Critique de la raison dialectique, 1960

51

Suggestions for further reading

Albérès, R. E.: *Sartre*, Paris, Ed. Universitaires, revd. 5th ed., 1960
Cranston, M.: *Sartre*, Oliver & Boyd, 1962
Gore, K.: *Sartre: La Nausée and Les Mouches*, Arnold, 1970
Manser, A.: *Sartre: A Philosophic Study*, Athlone, 1967
Jeanson, F.: *Sartre par lui-même*, Paris, Éditions du Seuil, 1955
Murdoch, Iris: *Sartre: Romantic Rationalist*, Bowes & Bowes, 1953
Thody, P. M.: *J.-P. Sartre: A Literary and Political Study*, Hamilton, 1960
Warnock, M.: *The Philosophy of Sartre*, Hutchinson, 1965

LES MOUCHES

Drame* en trois actes

à CHARLES DULLIN*

*en témoignage de reconnaissance
et d'amitié.*

PERSONNAGES

JUPITER
ORESTE
ÉGISTHE
LE PÉDAGOGUE
PREMIER GARDE
DEUXIÈME GARDE
LE GRAND PRÊTRE

ÉLECTRE
CLYTEMNESTRE
UNE ÉRINNYE
UNE JEUNE FEMME
UNE VIEILLE FEMME

HOMMES ET FEMMES DU PEUPLE
ÉRINNYES, SERVITEURS
GARDES DU PALAIS

Cette pièce a été créée au Théâtre de la Cité* (Direction Charles Dullin) *par:*

MM. Charles Dullin, Joffre, Paul Œtly, Jean Lannier, Norbert, Lucien Arnaud, Marcel d'Orval, Bender.
Mmes Perret, Olga Dominique, Cassan.

Note: An asterisk in the text indicates that the phrase or word so marked is dealt with in the Notes at the end of the book.

ACTE I

Une place d'Argos. *Une statue de Jupiter, Dieu des mouches et de la mort.* *Yeux blancs, face barbouillée de sang.*

SCÈNE I

De VIEILLES FEMMES* *vêtues de noir entrent en procession et font des libations* devant la statue. Un* IDIOT, *assis par terre au fond. Entrent* ORESTE *et le* PÉDAGOGUE, *puis* JUPITER.

ORESTE. Hé, bonnes femmes !
    Elles se retournent toutes en poussant un cri.
LE PÉDAGOGUE. Pouvez-vous nous dire?...
    Elles crachent par terre en reculant d'un pas.
LE PÉDAGOGUE. Écoutez, vous autres, nous sommes des voyageurs égarés. Je ne vous demande qu'un renseignement.
    Les vieilles femmes s'enfuient en laissant tomber leurs urnes.*
LE PÉDAGOGUE. Vieilles carnes !* Dirait-on pas que j'en veux à leurs charmes? Ah ! mon maître, le plaisant voyage ! Et que vous fûtes bien inspiré de venir ici quand il y a plus de cinq cents capitales, tant en Grèce qu'en Italie, avec du bon vin, des auberges accueillantes et des rues populeuses. Ces gens de montagne semblent n'avoir jamais vu de touristes*: j'ai demandé cent fois notre chemin dans cette maudite bourgade qui rissole* au soleil. Partout ce sont les mêmes cris d'épouvante et les mêmes débandades, les lourdes courses noires dans les rues aveuglantes. Pouah ! Ces rues désertes, l'air qui tremble, et ce soleil... Qu'y a-t-il de plus sinistre que le soleil?
ORESTE. Je suis né ici...

55

Le Pédagogue. Il paraît. Mais à votre place, je ne m'en vanterais pas.

Oreste. Je suis né ici et je dois demander mon chemin comme un passant. Frappe à cette porte!

Le Pédagogue. Qu'est-ce que vous espérez? Qu'on vous répondra? Regardez-les un peu, ces maisons, et parlez-moi de l'air qu'elles ont. Où sont leurs fenêtres? Elles les ouvrent sur des cours bien closes et bien sombres, j'imagine, et tournent vers la rue leurs culs... (*Geste d'Oreste.*) C'est bon. Je frappe, mais c'est sans espoir.

Il frappe. Silence. Il frappe encore; la porte s'entr'ouvre.

Une Voix. Qu'est-ce que vous voulez?

Le Pédagogue. Un simple renseignement. Savez-vous où demeure...

La porte se referme brusquement.

Le Pédagogue. Allez vous faire pendre! Êtes-vous content, seigneur Oreste, et l'expérience vous suffit-elle? Je puis, si vous voulez, cogner* à toutes les portes.

Oreste. Non, laisse.

Le Pédagogue. Tiens! Mais il y a quelqu'un ici. (*Il s'approche de l'idiot.*) Monseigneur!*

L'Idiot. Heu!

Le Pédagogue, *nouveau salut.* Monseigneur!

L'Idiot. Heu!

Le Pédagogue. Daignerez-vous nous indiquer la maison d'Égisthe?

L'Idiot. Heu!

Le Pédagogue. D'Égisthe, le roi d'Argos.

L'Idiot. Heu! Heu!

Jupiter passe au fond.

Le Pédagogue. Pas de chance! Le premier qui ne s'enfuit pas, il est idiot. (*Jupiter repasse.*) Par exemple! Il nous a suivis jusqu'ici.

Oreste. Qui?

Le Pédagogue. Le barbu.

Oreste. Tu rêves.

Le Pédagogue. Je viens de le voir passer.

56

ORESTE. Tu te seras trompé.

LE PÉDAGOGUE. Impossible. De ma vie je n'ai vu pareille barbe, si j'en excepte une, de bronze, qui orne le visage de Jupiter Ahenobarbus,* à Palerme. Tenez, le voilà qui repasse. Qu'est-ce qu'il nous veut?

ORESTE. Il voyage, comme nous.

LE PÉDAGOGUE. Ouais! Nous l'avons rencontré sur la route de Delphes.* Et quand nous nous sommes embarqués, à Itéa,* il était déjà sa barbe sur le bateau. A Nauplie* nous ne pouvions faire un pas sans l'avoir dans nos jambes,* et, à présent, le voilà ici. Cela vous paraît sans doute de simples coïncidences? (Il chasse les mouches de la main.) Ah! çà, les mouches d'Argos m'ont l'air beaucoup plus accueillantes que les personnes. Regardez celles-ci, mais regardez-les! (Il désigne l'œil de l'idiot.) Elles sont douze sur son œil comme sur une tartine, et lui, cependant, il sourit aux anges,* il a l'air d'aimer qu'on lui tette les yeux. Et, par le fait, il vous sort de ces mirettes-là un suint blanc*qui ressemble à du lait caillé. (Il chasse les mouches.) C'est bon, vous autres, c'est bon! Tenez, les voilà sur vous. (Il les chasse.) Eh bien, cela vous met à l'aise: vous qui vous plaigniez tant d'être un étranger dans votre propre pays, ces bestioles vous font la fête, elles ont l'air de vous reconnaître. (Il les chasse.) Allons, paix! paix! pas d'effusions! D'où viennent-elles? Elles font plus de bruit que des crécelles et sont plus grosses que des libellules.

JUPITER, qui s'était approché. Ce ne sont que des mouches à viande un peu grasses. Il y a quinze ans qu'une puissante odeur de charogne les attira sur la ville. Depuis lors elles engraissent. Dans quinze ans elles auront atteint la taille de petites grenouilles.

Un silence.

LE PÉDAGOGUE. A qui avons-nous l'honneur?

JUPITER. Mon nom est Démétrios. Je viens d'Athènes.

ORESTE. Je crois vous avoir vu sur le bateau, la quinzaine dernière.

JUPITER. Je vous ai vu aussi.

Cris horribles dans le palais.

LE PÉDAGOGUE. Hé là! Hé là! Tout cela ne me dit rien qui

57

vaille* et je suis d'avis, mon maître, que nous ferions mieux de nous en aller.

ORESTE. Tais-toi.

JUPITER. Vous n'avez rien à craindre. C'est la fête des morts aujourd'hui. Ces cris marquent le commencement de la cérémonie.

ORESTE. Vous semblez fort renseigné sur Argos.

JUPITER. J'y viens souvent. J'étais là, savez-vous, au retour du roi Agamemnon, quand la flotte victorieuse des Grecs mouilla dans la rade de Nauplie. On pouvait apercevoir les voiles blanches du haut des remparts. *(Il chasse les mouches.)* Il n'y avait pas encore de mouches, alors. Argos n'était qu'une petite ville de province, qui s'ennuyait indolemment sous le soleil. Je suis monté sur le chemin de ronde avec les autres, les jours qui suivirent, et nous avons longuement regardé le cortège royal qui cheminait dans la plaine. Au soir du deuxième jour la reine Clytemnestre parut sur les remparts, accompagnée d'Égisthe, le roi actuel. Les gens d'Argos virent leurs visages rougis par le soleil couchant; ils les virent se pencher au-dessus des créneaux et regarder longtemps vers la mer; et ils pensèrent: « Il va y avoir du vilain.»* Mais ils ne dirent rien.* Égisthe, vous devez le savoir, c'était l'amant de la reine Clytemnestre. Un ruffian qui, à l'époque, avait déjà de la propension à la mélancolie. Vous semblez fatigué?*

ORESTE. C'est la longue marche que j'ai faite et cette maudite chaleur. Mais vous m'intéressez.

JUPITER. Agamemnon était bon homme, mais il eut un grand tort, voyez-vous. Il n'avait pas permis que les exécutions capitales eussent lieu en public. C'est dommage. Une bonne pendaison, cela distrait,* en province, et cela blase un peu les gens sur la mort. Les gens d'ici n'ont rien dit, parce qu'ils s'ennuyaient et qu'ils voulaient voir une mort violente. Ils n'ont rien dit quand ils ont vu leur roi paraître aux portes de la ville. Et quand ils ont vu Clytemnestre lui tendre ses beaux bras parfumés, ils n'ont rien dit. A ce moment-là il aurait suffi d'un mot, d'un seul mot, mais ils se sont tus, et chacun d'eux avait, dans sa tête, l'image d'un grand cadavre à la face éclatée.

58

ORESTE. Et vous, vous n'avez rien dit?

JUPITER. Cela vous fâche, jeune homme? J'en suis fort aise; voilà qui prouve vos bons sentiments. Eh bien non, je n'ai pas parlé: je ne suis pas d'ici, et ce n'étaient pas mes affaires. Quant aux gens d'Argos, le lendemain, quand ils ont entendu leur roi hurler de douleur dans le palais, ils n'ont rien dit encore, ils ont baissé leurs paupières sur leurs yeux retournés de volupté,* et la ville tout entière était comme une femme en rut.

ORESTE. Et l'assassin règne. Il a connu quinze ans de bonheur. Je croyais les Dieux justes.*

JUPITER. Hé là! N'incriminez pas les Dieux si vite. Faut-il donc toujours punir? Valait-il pas mieux tourner ce tumulte au profit de l'ordre moral?

ORESTE. C'est ce qu'ils ont fait?

JUPITER. Ils ont envoyé les mouches.

LE PÉDAGOGUE. Qu'est-ce que les mouches ont à faire là-dedans?

JUPITER. Oh! C'est un symbole.* Mais ce qu'ils ont fait, jugez-en sur ceci: vous voyez cette vieille cloporte,* là-bas, qui trottine de ses petites pattes noires, en rasant les murs, c'est un beau spécimen de cette faune noire et plate qui grouille dans les lézardes. Je bondis sur l'insecte, je le saisis et je vous le ramène. (Il saute sur la vieille et la ramène sur le devant de la scène.) Voilà ma pêche. Regardez-moi l'horreur! Hou! Tu clignes des yeux, et pourtant vous êtes habitués, vous autres, aux glaives rougis à blanc du soleil. Voyez ces soubresauts de poisson au bout d'une ligne. Dis-moi, la vieille, il faut que tu aies perdu des douzaines de fils: tu es noire de la tête aux pieds. Allons, parle et je te lâcherai peut-être. De qui portes-tu le deuil?

LA VIEILLE. C'est le costume d'Argos.

JUPITER. Le costume d'Argos? Ah! je comprends. C'est le deuil de ton roi que tu portes, de ton roi assassiné.

LA VIEILLE. Tais-toi! Pour l'amour de Dieu, tais-toi!

JUPITER. Car tu es assez vieille pour les avoir entendus, toi, ces énormes cris qui ont tourné en rond tout un matin dans les rues de la ville. Qu'as-tu fait?

59

La Vieille. Mon homme était aux champs, que pouvais-je faire? J'ai verrouillé ma porte.

Jupiter. Oui, et tu as entr'ouvert ta fenêtre pour mieux entendre, et tu t'es mise aux aguets derrière tes rideaux, le souffle coupé, avec une drôle de chatouille au creux des reins.

La Vieille. Tais-toi!

Jupiter. Tu as rudement bien dû faire l'amour cette nuit-là. C'était une fête, hein?

La Vieille. Ah! Seigneur, c'était... une horrible fête.

Jupiter. Une fête rouge dont vous n'avez pu enterrer le souvenir.

La Vieille. Seigneur! Êtes-vous un mort?

Jupiter. Un mort! Va, va, folle! Ne te soucie pas de ce que je suis, tu feras mieux de t'occuper de toi-même et de gagner le pardon du Ciel par ton repentir.

La Vieille. Ah! je me repens, Seigneur, si vous saviez comme je me repens, et ma fille aussi se repent, et mon gendre sacrifie une vache tous les ans, et mon petit-fils, qui va sur ses sept ans, nous l'avons élevé dans la repentance: il est sage comme une image, tout blond et déjà pénétré par le sentiment de sa faute originelle.*

Jupiter. C'est bon, va-t'en, vieille ordure, et tâche de crever dans le repentir. C'est ta seule chance de salut. (La vieille s'enfuit.) Ou je me trompe fort, mes maîtres, ou voilà de la bonne piété, à l'ancienne, solidement assise sur la terreur.

Oreste. Quel homme êtes-vous?

Jupiter. Qui se soucie de moi? Nous parlions des Dieux. Eh bien, fallait-il foudroyer Égisthe?

Oreste. Il fallait...* Ah! je ne sais pas ce qu'il fallait, et je m'en moque; je ne suis pas d'ici. Est-ce qu'Égisthe se repent?

Jupiter. Égisthe? J'en serais bien étonné. Mais qu'importe. Toute une ville se repent pour lui. Ça se compte au poids, le repentir. (Cris horribles dans le palais.) Écoutez! Afin qu'ils n'oublient jamais les cris d'agonie de leur roi, un bouvier choisi pour sa voix forte hurle ainsi, à chaque anniversaire, dans la grande salle du palais. (Oreste fait un geste de dégoût.) Bah! Ce n'est rien; que direz-vous tout à l'heure, quand on lâchera les morts? Il y a quinze ans, jour pour jour, qu'Agamemnon fut assassiné. Ah!

60

qu'il a changé depuis, le peuple léger d'Argos, et qu'il est proche à présent de mon cœur!

ORESTE. De *votre* cœur?

JUPITER. Laissez, laissez, jeune homme. Je parlais pour moi-même. J'aurais dû dire: proche du cœur des Dieux.

ORESTE. Vraiment? Des murs barbouillés de sang, des millions de mouches, une odeur de boucherie, une chaleur de cloporte, des rues désertes, un dieu à face d'assassiné, des larves terrorisées qui se frappent la poitrine au fond de leurs maisons—et ces cris, ces cris insupportables: est-ce là ce qui plaît à Jupiter?

JUPITER. Ah! Ne jugez pas les Dieux, jeune homme, ils ont des secrets douloureux.

Un silence.

ORESTE. Agamemnon avait une fille, je crois? Une fille du nom d'Électre?

JUPITER. Oui. Elle vit ici. Dans le palais d'Égisthe—que voilà.

ORESTE. Ah! C'est le palais d'Égisthe?—Et que pense Électre de tout ceci?

JUPITER.—Bah! C'est une enfant. Il y avait un fils aussi, un certain Oreste. On le dit mort.

ORESTE. Mort! Parbleu...

LE PÉDAGOGUE. Mais oui, mon maître, vous savez bien qu'il est mort. Les gens de Nauplie nous ont conté qu'Égisthe avait donné l'ordre de l'assassiner, peu après la mort d'Agamemnon.

JUPITER. Certains ont prétendu qu'il était vivant. Ses meurtriers, pris de pitié, l'auraient abandonné dans la forêt. Il aurait été recueilli et élevé par de riches bourgeois d'Athènes. Pour moi, je souhaite qu'il soit mort.

ORESTE. Pourquoi, s'il vous plaît?

JUPITER. Imaginez qu'il se présente un jour aux portes de cette ville...

ORESTE. Eh bien?

JUPITER. Bah! Tenez, si je le rencontrais alors, je lui dirais... je lui dirais ceci: «Jeune homme...» Je l'appellerais: jeune homme, car il a votre âge, à peu près, s'il vit. A propos, Seigneur, me direz-vous votre nom?

ORESTE. Je me nomme Philèbe et je suis de Corinthe. Je voyage pour m'instruire, avec un esclave qui fut mon précepteur.

JUPITER. Parfait. Je dirais donc: « Jeune homme, allez-vous-en ! Que cherchez-vous ici? Vous voulez faire valoir vos droits?* Eh! vous êtes ardent et fort, vous feriez un brave capitaine dans une armée bien batailleuse, vous avez mieux à faire qu'à régner sur une ville à demi morte, une charogne de ville tourmentée par les mouches. Les gens d'ici sont de grands pécheurs, mais voici qu'ils se sont engagés dans la voie du rachat. Laissez-les, jeune homme, laissez-les, respectez leur douloureuse entreprise, éloignez-vous sur la pointe des pieds. Vous ne sauriez partager leur repentir, car vous n'avez pas eu de part à leur crime, et votre impertinente innocence vous sépare d'eux comme un fossé profond. Allez-vous-en, si vous les aimez un peu. Allez-vous-en, car vous allez les perdre: pour peu que vous les arrêtiez en chemin, que vous les détourniez, fût-ce un instant, de leurs remords, toutes leurs fautes vont se figer sur eux comme de la graisse refroidie. Ils ont mauvaise conscience, ils ont peur—et la peur, la mauvaise conscience, ont un fumet délectable pour les narines des Dieux. Oui, elles plaisent aux Dieux, ces âmes pitoyables. Voudriez-vous leur ôter la faveur divine? Et que leur donnerez-vous en échange? Des digestions tranquilles, la paix morose des provinces et l'ennui, ah! l'ennui si quotidien du bonheur. Bon voyage, jeune homme, bon voyage; l'ordre d'une cité et l'ordre des âmes sont instables: si vous y touchez, vous provoquerez une catastrophe. (*Le regardant dans les yeux.*) Une terrible catastrophe qui retombera sur vous.

ORESTE. Vraiment? C'est là ce que vous diriez? Eh bien, si j'étais, moi, ce jeune homme, je vous répondrais... (*Ils se mesurent du regard; le Pédagogue tousse.*) Bah! Je ne sais pas ce que je vous répondrais. Peut-être avez-vous raison, et puis cela ne me regarde pas.

JUPITER. A la bonne heure. Je souhaiterais qu'Oreste fût aussi raisonnable. Allons, la paix soit sur vous; il faut que j'aille à mes affaires.

ORESTE. La paix soit sur vous.

JUPITER. A propos, si ces mouches vous ennuient, voici le

62

moyen de vous en débarrasser; regardez cet essaim qui vrombit autour de vous: je fais un mouvement de poignet, un geste du bras, et je dis, « Abraxas,* galla, galla, tsé, tsé.» Et voyez: les voilà qui dégringolent et qui se mettent à ramper par terre comme des chenilles.

ORESTE. Par Jupiter!*

JUPITER. Ce n'est rien. Un petit talent de société.* Je suis charmeur de mouches, à mes heures. Bonjour. Je vous reverrai.

Il sort.

SCÈNE II

ORESTE—LE PÉDAGOGUE.

LE PÉDAGOGUE. Méfiez-vous. Cet homme-là sait qui vous êtes.

ORESTE. Est-ce un homme?

LE PÉDAGOGUE. Ah! mon maître, que vous me peinez! Que faites-vous donc de mes leçons et de ce scepticisme souriant* que je vous enseignai? « Est-ce un homme? » Parbleu, il n'y a que des hommes, et c'est déjà bien assez. Ce barbu est un homme, quelque espion d'Égisthe.

ORESTE. Laisse ta philosophie. Elle m'a fait trop de mal.

LE PÉDAGOGUE. Du mal! Est-ce donc nuire aux gens que de leur donner la liberté d'esprit? Ah! comme vous avez changé! Je lisais en vous autrefois... Me direz-vous enfin ce que vous méditez? Pourquoi m'avoir entraîné ici? Et qu'y voulez-vous faire?

ORESTE. T'ai-je dit que j'avais quelque chose à y faire? Allons! Tais-toi. (*Il s'approche du palais.*) Voilà *mon* palais. C'est là que mon père est né. C'est là qu'une putain et son maquereau* l'ont assassiné. J'y suis né aussi, moi. J'avais près de trois ans quand les soudards* d'Égisthe m'emportèrent. Nous sommes sûrement passés par cette porte; l'un d'eux me tenait dans ses bras, j'avais les yeux grands ouverts et je pleurais sans doute... Ah! pas le moindre souvenir. Je vois une grande bâtisse muette, guindée dans sa solennité provinciale. Je la *vois* pour la première fois.

63

LE PÉDAGOGUE. Pas de souvenirs, maître ingrat, quand j'ai consacré dix ans de ma vie à vous en donner? Et tous ces voyages que nous fîmes? Et ces villes que nous visitâmes? Et ce cours d'archéologie que je professai pour vous seul? Pas de souvenirs? Il y avait naguère tant de palais, de sanctuaires et de temples pour peupler votre mémoire, que vous eussiez pu, comme le géographe Pausanias, écrire un guide de Grèce.

ORESTE. Des palais! C'est vrai. Des palais, des colonnes, des statues! Pourquoi ne suis-je pas plus lourd,* moi qui ai tant de pierres dans la tête? Et les trois cent quatre-vingt-sept marches du temple d'Éphèse, tu ne m'en parles pas? Je les ai gravies une à une, et je me les rappelle toutes. La dix-septième, je crois, était brisée. Ah! un chien, un vieux chien qui se chauffe, couché près du foyer et qui se soulève un peu, à l'entrée de son maître, en gémissant doucement pour le saluer, un chien a plus de mémoire que moi: c'est *son* maître qu'il reconnaît. *Son* maître. Et qu'est-ce qui est à moi?

LE PÉDAGOGUE. Que faites-vous de la culture, Monsieur? Elle est à vous, votre culture, et je vous l'ai composée avec amour, comme un bouquet, en assortissant les fruits de ma sagesse et les trésors de mon expérience. Ne vous ai-je pas fait, de bonne heure, lire tous les livres pour vous familiariser avec la diversité des opinions humaines et parcourir cent états, en vous remontrant en chaque circonstance comme c'est chose variable que les mœurs des hommes. A présent vous voilà jeune, riche et beau, avisé comme un vieillard, affranchi de toutes les servitudes et de toutes les croyances, sans famille, sans patrie, sans religion, sans métier, libre pour tous les engagements et sachant qu'il ne faut jamais s'engager, un homme supérieur enfin, capable par surcroît d'enseigner la philosophie ou l'architecture dans une grande ville universitaire, et vous vous plaignez!

ORESTE. Mais non: je ne me plains pas. Je ne peux pas me plaindre: tu m'as laissé la liberté de ces fils que le vent arrache aux toiles d'araignée et qui flottent à dix pieds du sol; je ne pèse pas plus qu'un fil et je vis en l'air. Je sais que c'est une chance et je l'apprécie comme il convient. (*Un temps.*) Il y a des hommes qui naissent engagés: ils n'ont pas le choix, on les a jetés sur un

64

chemin, au bout du chemin il y a un acte qui les attend, *leur* acte; ils vont, et leurs pieds nus pressent fortement la terre et s'écorchent aux cailloux. Ça te paraît vulgaire, à toi, la joie d'aller *quelque part*? Et il y en a d'autres, des silencieux, qui sentent au fond de leur cœur le poids d'images troubles et terrestres; leur vie a été changée parce que, un jour de leur enfance, à cinq ans, à sept ans... C'est bon: ce ne sont pas des hommes supérieurs. Je savais déjà, moi, à sept ans, que j'étais exilé; les odeurs et les sons, le bruit de la pluie sur les toits, les tremblements de la lumière, je les laissais glisser le long de mon corps et tomber autour de moi; je savais qu'ils appartenaient aux autres, et que je ne pourrais jamais en faire *mes* souvenirs. Car les souvenirs sont de grasses nourritures pour ceux qui possèdent les maisons, les bêtes, les domestiques et les champs. Mais moi... Moi, je suis libre, Dieu merci. Ah! comme je suis libre. Et quelle superbe absence que mon âme.* (*Il s'approche du palais.*) J'aurais vécu là. Je n'aurais lu aucun de tes livres, et peut-être je n'aurais pas su lire: il est rare qu'un prince sache lire. Mais, par cette porte, je serais entré et sorti dix mille fois. Enfant, j'aurais joué avec ses battants, je me serais arc-bouté contre eux, ils auraient grincé sans céder, et mes bras auraient appris leur résistance. Plus tard, je les aurais poussés, la nuit, en cachette, pour aller retrouver des filles. Et, plus tard encore, au jour de ma majorité, les esclaves auraient ouvert la porte toute grande et j'en aurais franchi le seuil à cheval. Ma vieille porte de bois. Je saurais trouver, les yeux fermés, ta serrure. Et cette éraflure, là, en bas, c'est moi peut-être qui te l'aurais faite, par maladresse, le premier jour qu'on m'aurait confié une lance. (*Il s'écarte.*) Style petit-dorien,* pas vrai? Et que dis-tu des incrustations d'or? J'ai vu les pareilles à Dodone:* c'est du beau travail. Allons, je vais te faire plaisir: ce n'est pas *mon* palais, ni *ma* porte. Et nous n'avons rien à faire ici.

Le Pédagogue. Vous voilà raisonnable. Qu'auriez-vous gagné à y vivre? Votre âme, à l'heure qu'il est, serait terrorisée par un abject repentir.

Oreste, *avec éclat.* Au moins serait-il à moi. Et cette chaleur qui roussit mes cheveux, elle serait à moi. A moi le bourdonnement de ces mouches. A cette heure-ci, nu dans une chambre

65

sombre du palais, j'observerais par la fente d'un volet, la couleur rouge de la lumière, j'attendrais que le soleil décline et que monte du sol, comme une odeur, l'ombre fraîche d'un soir d'Argos, pareil à cent mille autres et toujours neuf, l'ombre d'un soir à moi. Allons-nous-en, pédagogue; est-ce que tu ne comprends pas que nous sommes en train de croupir dans la chaleur des autres?

LE PÉDAGOGUE. Ah! Seigneur, que vous me rassurez. Ces derniers mois—pour être exact, depuis que je vous ai révélé votre naissance—je vous voyais changer de jour en jour, et je ne dormais plus. Je craignais...

ORESTE. Quoi?

LE PÉDAGOGUE. Mais vous allez vous fâcher.

ORESTE. Non. Parle.

LE PÉDAGOGUE. Je craignais—on a beau s'être entraîné de bonne heure à l'ironie sceptique, il vous vient parfois de sottes idées—bref, je me demandais si vous ne méditiez pas de chasser Égisthe et de prendre sa place.

ORESTE, lentement. Chasser Égisthe? (Un temps.) Tu peux te rassurer, bonhomme, il est trop tard. Ce n'est pas l'envie qui me manque, de saisir par la barbe ce ruffian de sacristie* et de l'arracher du trône de mon père. Mais quoi? qu'ai-je à faire avec ces gens? Je n'ai pas vu naître un seul de leurs enfants, ni assisté aux noces de leurs filles, je ne partage pas leurs remords et je ne connais pas un seul de leurs noms. C'est le barbu qui a raison: un roi doit avoir les mêmes souvenirs que ses sujets. Laissons-les, bonhomme. Allons-nous-en. Sur la pointe des pieds. Ah! s'il était un acte, vois-tu, un acte qui me donnât droit de cité parmi eux; si je pouvais m'emparer, fût-ce par un crime, de leurs mémoires, de leur terreur et de leurs espérances pour combler le vide de mon cœur, dussé-je* tuer ma propre mère...

LE PÉDAGOGUE. Seigneur!

ORESTE. Oui. Ce sont des songes. Partons. Vois si l'on pourra nous procurer des chevaux, et nous pousserons jusqu'à Sparte, où j'ai des amis.

Entre Électre.

SCÈNE III

LES MÊMES—ÉLECTRE.

ÉLECTRE, *portant une caisse, s'approche sans les voir de la statue de Jupiter.* Ordure! Tu peux me regarder, va! avec tes yeux ronds dans ta face barbouillée de jus de framboise,* tu ne me fais pas peur. Dis, elles sont venues, ce matin, les saintes femmes, les vieilles toupies en robe noire? Elles ont fait craquer leurs gros souliers autour de toi. Tu étais content, hein, croquemitaine, tu les aimes, les vieilles; plus elles ressemblent à des mortes et plus tu les aimes. Elles ont répandu à tes pieds leurs vins les plus précieux parce que c'est ta fête, et des relents moisis montaient de leurs jupes à ton nez; tes narines sont encore chatouillées de ce parfum délectable. (*Se frottant à lui.*) Eh bien, sens-moi, à présent, sens mon odeur de chair fraîche. Je suis jeune, moi, je suis vivante, ça doit te faire horreur. Moi aussi, je viens te faire mes offrandes pendant que toute la ville est en prières. Tiens: voilà des épluchures et toute la cendre du foyer, et de vieux bouts de viande grouillants de vers, et un morceau de pain souillé, dont nos porcs n'ont pas voulu, elles aimeront ça, tes mouches. Bonne fête, va, bonne fête, et souhaitons que ce soit la dernière. Je ne suis pas bien forte et je ne peux pas te flanquer par terre. Je peux te cracher dessus, c'est tout ce que je peux faire. Mais il viendra, celui que j'attends, avec sa grande épée. Il te regardera en rigolant, comme ça, les mains sur les hanches et renversé en arrière. Et puis il tirera son sabre et il te fendra de haut en bas, comme ça! Alors les deux moitiés de Jupiter dégringoleront, l'une à gauche, l'autre à droite, et tout le monde verra qu'il est en bois blanc. Il est en bois tout blanc, le Dieu des morts. L'horreur et le sang sur le visage et le vert sombre des yeux, ça n'est qu'un vernis, pas vrai? Toi, tu sais que tu es tout blanc à l'intérieur, blanc comme un corps de nourrisson; tu sais qu'un coup de sabre te fendra net et que tu ne pourras même pas saigner. Du bois blanc! Du bon bois blanc. Ça brûle bien. (*Elle aperçoit Oreste.*) Ah!

67

ORESTE. N'aie pas peur.

ÉLECTRE. Je n'ai pas peur. Pas peur du tout. Qui es-tu?

ORESTE. Un étranger.

ÉLECTRE. Sois le bienvenu. Tout ce qui est étranger à cette ville m'est cher. Quel est ton nom?

ORESTE. Je m'appelle Philèbe et je suis de Corinthe.

ÉLECTRE. Ah? De Corinthe? Moi, on m'appelle Électre.

ORESTE. Électre. (*Au Pédagogue.*) Laisse-nous.

Le Pédagogue sort.

SCÈNE IV

ORESTE—ÉLECTRE.

ÉLECTRE. Pourquoi me regardes-tu ainsi?

ORESTE. Tu es belle. Tu ne ressembles pas aux gens d'ici.

ÉLECTRE. Belle? Tu es sûr que je suis belle? Aussi belle que les filles de Corinthe?

ORESTE. Oui.

ÉLECTRE. Ils ne me le disent pas, ici. Ils ne veulent pas que je le sache. D'ailleurs à quoi ça me sert-il, je ne suis qu'une servante.

ORESTE. Servante? Toi?

ÉLECTRE. La dernière des servantes. Je lave le linge du roi et de la reine. C'est un linge fort sale et plein d'ordures. Tous leurs dessous, les chemises qui ont enveloppé leurs corps pourris, celle que revêt Clytemnestre quand le roi partage sa couche: il faut que je lave tout ça. Je ferme les yeux et je frotte de toutes mes forces. Je fais la vaisselle aussi. Tu ne me crois pas? Regarde mes mains. Il y en a, hein, des gerçures et des crevasses? Quels drôles d'yeux tu fais.* Est-ce qu'elles auraient l'air, par hasard, de mains de princesse?

ORESTE. Pauvres mains. Non. Elles n'ont pas l'air de mains de princesse. Mais poursuis. Qu'est-ce qu'ils te font faire encore?

ÉLECTRE. Eh bien, tous les matins, je dois vider la caisse d'ordures. Je la traîne hors du palais et puis... tu as vu ce que

68

j'en fais, des ordures. Ce bonhomme de bois, c'est Jupiter, Dieu de la mort et des mouches. L'autre jour, le Grand Prêtre, qui venait lui faire ses courbettes, a marché sur des trognons de choux et de navets, sur des coques de moules. Il a pensé perdre l'esprit. Dis, vas-tu me dénoncer?

ORESTE. Non.

ÉLECTRE. Dénonce-moi si tu veux, je m'en moque. Qu'est-ce qu'ils peuvent me faire de plus? Me battre? Ils m'ont déjà battue. M'enfermer dans une grande tour, tout en haut? Ça ne serait pas une mauvaise idée, je ne verrais plus leurs visages. Le soir, imagine, quand j'ai fini mon travail, ils me récompensent: il faut que je m'approche d'une grosse et grande femme aux cheveux teints. Elle a des lèvres grasses et des mains très blanches, des mains de reine qui sentent le miel. Elle pose ses mains sur mes épaules, elle colle ses lèvres sur mon front, elle dit: « Bonsoir, Électre.» Tous les soirs. Tous les soirs je sens vivre contre ma peau cette viande chaude et goulue. Mais je me tiens, je ne suis jamais tombée. C'est ma mère, tu comprends. Si j'étais dans la tour, elle ne m'embrasserait plus.

ORESTE. Tu n'as jamais songé à t'enfuir?

ÉLECTRE. Je n'ai pas ce courage-là: j'aurais peur, seule sur les routes.

ORESTE. N'as-tu pas une amie qui puisse t'accompagner?

ÉLECTRE. Non, je n'ai que moi. Je suis une gale, une peste: les gens d'ici te le diront. Je n'ai pas d'amies.

ORESTE. Quoi, pas même une nourrice, une vieille femme qui t'ait vue naître et qui t'aime un peu?

ÉLECTRE. Pas même. Demande à ma mère: je découragerais les cœurs les plus tendres.

ORESTE. Et tu demeureras ici toute ta vie?

ÉLECTRE, *dans un cri.* Ah! pas toute ma vie! Non; écoute; j'attends quelque chose.

ORESTE. Quelque chose ou quelqu'un?

ÉLECTRE. Je ne te le dirai pas. Parle plutôt. Tu es beau, toi aussi. Vas-tu rester longtemps?

ORESTE. Je devais partir aujourd'hui même. Et puis à présent...

ÉLECTRE. A présent?

69

ORESTE. Je ne sais plus.

ÉLECTRE. C'est une belle ville, Corinthe?

ORESTE. Très belle.

ÉLECTRE. Tu l'aimes bien? Tu en es fier?

ORESTE. Oui.

ÉLECTRE. Ça me semblerait drôle, à moi, d'être fière de ma ville natale. Explique-moi.

ORESTE. Eh bien... Je ne sais pas. Je ne peux pas t'expliquer.

ÉLECTRE. Tu ne *peux* pas? (*Un temps.*) C'est vrai qu'il y a des places ombragées à Corinthe? Des places où l'on se promène le soir?

ORESTE. C'est vrai.

ÉLECTRE. Et tout le monde est dehors? Tout le monde se promène?

ORESTE. Tout le monde.

ÉLECTRE. Les garçons avec les filles?

ORESTE. Les garçons avec les filles.

ÉLECTRE. Et ils ont toujours quelque chose à se dire? Et ils se plaisent bien les uns avec les autres? Et on les entend, tard dans la nuit, rire ensemble?

ORESTE. Oui.

ÉLECTRE. Je te parais niaise? C'est que j'ai tant de peine à imaginer des promenades, des chants, des sourires. Les gens d'ici sont rongés par la peur. Et moi...

ORESTE. Toi?

ÉLECTRE. Par la haine. Et qu'est-ce qu'elles font, toute la journée, les jeunes filles de Corinthe?

ORESTE. Elles se parent, et puis elles chantent ou elles touchent du luth, et puis elles rendent visite à leurs amies et, le soir, elles vont au bal.

ÉLECTRE. Et elles n'ont aucun souci?

ORESTE. Elles en ont de tout petits.

ÉLECTRE. Ah? Écoute-moi: les gens de Corinthe, est-ce qu'ils ont des remords?

ORESTE. Quelquefois. Pas souvent.

ÉLECTRE. Alors ils font ce qu'ils veulent et puis après ils n'y pensent plus?

70

ORESTE. C'est cela.

ÉLECTRE. C'est drôle. (*Un temps.*) Et dis-moi encore ceci, car j'ai besoin de le savoir à cause de quelqu'un... de quelqu'un que j'attends: suppose qu'un gars de Corinthe, un de ces gars qui rient le soir avec les filles, trouve au retour d'un voyage, son père assassiné, sa mère dans le lit du meurtrier et sa sœur en esclavage, est-ce qu'il filerait doux, le gars de Corinthe, est-ce qu'il s'en irait à reculons, en faisant des révérences, chercher des consolations auprès de ses amies? ou bien est-ce qu'il sortirait son épée et est-ce qu'il cognerait sur l'assassin jusqu'à lui faire éclater la tête? Tu ne réponds pas?

ORESTE. Je ne sais pas.

ÉLECTRE. Comment? Tu ne sais pas?

Voix de Clytemnestre. Électre.

ÉLECTRE. Chut.

ORESTE. Qu'y a-t-il?

ÉLECTRE. C'est ma mère, la reine Clytemnestre.

SCÈNE V

ORESTE—ÉLECTRE—CLYTEMNESTRE.

ÉLECTRE. Eh bien, Philèbe? Elle te fait donc peur?

ORESTE. Cette tête, j'ai tenté cent fois de l'imaginer et j'avais fini par la *voir*, lasse et molle sous l'éclat des fards. Mais je ne m'attendais pas à ces yeux morts.

CLYTEMNESTRE. Électre, le roi t'ordonne de t'apprêter pour la cérémonie. Tu mettras ta robe noire et tes bijoux. Eh bien? Que signifient ces yeux baissés? Tu serres les coudes contre tes hanches maigres, ton corps t'embarrasse... Tu es souvent ainsi en ma présence; mais je ne me laisserai plus prendre à ces singeries: tout à l'heure, par la fenêtre, j'ai vu une autre Électre, aux gestes larges, aux yeux pleins de feu... Me regarderas-tu en face? Me répondras-tu, à la fin?

ÉLECTRE. Avez-vous besoin d'une souillon pour rehausser l'éclat de votre fête?

71

CLYTEMNESTRE. Pas de comédie.* Tu es princesse, Électre, et le peuple t'attend, comme chaque année.

ÉLECTRE. Je suis princesse, en vérité? Et vous vous en souvenez une fois l'an, quand le peuple réclame un tableau de notre vie de famille pour son édification? Belle princesse, qui lave la vaisselle et garde les cochons! Égisthe m'entourera-t-il les épaules de son bras, comme l'an dernier, et sourira-t-il contre ma joue en murmurant à mon oreille des paroles de menace?

CLYTEMNESTRE. Il dépend de toi qu'il en soit autrement.

ÉLECTRE. Oui, si je me laisse infecter par vos remords et si j'implore le pardon des Dieux pour un crime que je n'ai pas commis. Oui, si je baise les mains d'Égisthe en l'appelant mon père. Pouah! Il a du sang séché sous les ongles.

CLYTEMNESTRE. Fais ce que tu veux. Il y a longtemps que j'ai renoncé à te donner des ordres en mon nom. Je t'ai transmis ceux du roi.

ÉLECTRE. Qu'ai-je à faire des ordres d'Égisthe? C'est votre mari, ma mère, votre très cher mari, non le mien.

CLYTEMNESTRE. Je n'ai rien à te dire, Électre. Je vois que tu travailles à ta perte et à la nôtre. Mais comment te conseillerais-je, moi qui ai ruiné ma vie en un seul matin? Tu me hais, mon enfant, mais ce qui m'inquiète davantage, c'est que tu me ressembles: j'ai eu ce visage pointu, ce sang inquiet, ces yeux sournois—et il n'en est rien sorti de bon.

ÉLECTRE. Je ne veux pas vous ressembler! Dis, Philèbe, toi qui nous vois toutes deux, l'une près de l'autre, ça n'est pas vrai, je ne lui ressemble pas?

ORESTE. Que dire? Son visage semble un champ ravagé par la foudre et la grêle. Mais il y a sur le tien comme une promesse d'orage: un jour la passion va le brûler, jusqu'à l'os.

ÉLECTRE. Une promesse d'orage? Soit. Cette ressemblance-là, je l'accepte. Puisses-tu dire vrai.

CLYTEMNESTRE. Et toi? Toi qui dévisages ainsi les gens, qui donc es-tu? Laisse-moi te regarder à mon tour. Et que fais-tu ici?

ÉLECTRE, *vivement*. C'est un Corinthien du nom de Philèbe. Il voyage.

CLYTEMNESTRE. Philèbe? Ah!

72

ÉLECTRE. Vous sembliez craindre un autre nom?

CLYTEMNESTRE. Craindre? Si j'ai gagné quelque chose à me perdre, c'est que je ne peux plus rien craindre, à présent. Approche, étranger, et sois le bienvenu. Comme tu es jeune. Quel âge as-tu donc?

ORESTE. Dix-huit ans.

CLYTEMNESTRE. Tes parents vivent encore?

ORESTE. Mon père est mort.

CLYTEMNESTRE. Et ta mère? Elle doit avoir mon âge à peu près? Tu ne dis rien? C'est qu'elle te paraît plus jeune que moi sans doute, elle peut encore rire et chanter en ta compagnie. L'aimes-tu? Mais réponds! Pourquoi l'as-tu quittée?

ORESTE. Je vais m'engager à Sparte, dans les troupes mercenaires.

CLYTEMNESTRE. Les voyageurs font à l'ordinaire un détour de vingt lieues pour éviter notre ville. On ne t'a donc pas prévenu? Les gens de la plaine nous ont mis en quarantaine: ils regardent notre repentir comme une peste, et ils ont peur d'être contaminés.

ORESTE. Je le sais.

CLYTEMNESTRE. Ils t'ont dit qu'un crime inexpiable, commis voici quinze ans, nous écrasait?

ORESTE. Ils me l'ont dit.

CLYTEMNESTRE. Que la reine Clytemnestre était la plus coupable? Que son nom était maudit entre tous?

ORESTE. Ils me l'ont dit.

CLYTEMNESTRE. Et tu es venu pourtant? Étranger, je suis la reine Clytemnestre.

ÉLECTRE. Ne t'attendris pas, Philèbe, la reine se divertit à notre jeu national: le jeu des confessions publiques. Ici, chacun crie ses péchés à la face de tous; et il n'est pas rare, aux jours fériés, de voir quelque commerçant, après avoir baissé le rideau de fer* de sa boutique, se traîner sur les genoux dans les rues, frottant ses cheveux de poussière et hurlant qu'il est un assassin, un adultère ou un prévaricateur. Mais les gens d'Argos commencent à se blaser: chacun connaît par cœur les crimes des autres; ceux de la reine en particulier n'amusent plus personne, ce sont des crimes

73

officiels, des crimes de fondation, pour ainsi dire. Je te laisse à penser sa joie lorsqu'elle t'a vu, tout jeune, tout neuf, ignorant jusqu'à son nom: quelle occasion exceptionnelle! Il lui semble qu'elle se confesse pour la première fois.

CLYTEMNESTRE. Tais-toi. N'importe qui peut me cracher au visage, en m'appelant criminelle et prostituée. Mais personne n'a le droit de juger mes remords.

ÉLECTRE. Tu vois, Philèbe: c'est la règle du jeu. Les gens vont t'implorer pour que tu les condamnes. Mais prends bien garde de ne les juger que sur les fautes qu'ils t'avouent: les autres ne regardent personne, et ils te sauraient mauvais gré de les découvrir.

CLYTEMNESTRE. Il y a quinze ans, j'étais la plus belle femme de Grèce. Vois mon visage et juge de ce que j'ai souffert. Je te le dis sans fard: ce n'est pas la mort du vieux bouc que je regrette! Quand je l'ai vu saigner dans sa baignoire, j'ai chanté de joie, j'ai dansé. Et aujourd'hui encore, après quinze ans passés, je n'y songe pas sans un tressaillement de plaisir. Mais j'avais un fils—il aurait ton âge. Quand Égisthe l'a livré aux mercenaires, je...

ÉLECTRE. Vous aviez une fille aussi, ma mère, il me semble. Vous en avez fait une laveuse de vaisselle. Mais cette faute-là ne vous tourmente pas beaucoup.

CLYTEMNESTRE. Tu es jeune, Électre. Il a beau jeu de condamner celui qui est jeune et qui n'a pas eu le temps de faire le mal. Mais patience: un jour, tu traîneras après toi un crime irréparable. A chaque pas tu croiras t'en éloigner, et pourtant il sera toujours aussi lourd à traîner. Tu te retourneras et tu le verras derrière toi, hors d'atteinte, sombre et pur comme un cristal noir. Et tu ne le comprendras même plus, tu diras: «Ce n'est pas moi, ce n'est pas *moi* qui l'ai fait.» Pourtant, il sera là, cent fois renié, toujours là, à te tirer en arrière. Et tu sauras enfin que tu as engagé ta vie sur un seul coup de dés, une fois pour toutes, et que tu n'as plus rien à faire qu'à haler ton crime jusqu'à ta mort. Telle est la loi, juste et injuste, du repentir. Nous verrons alors ce que deviendra ton jeune orgueil.

ÉLECTRE. Mon *jeune* orgueil? Allez, c'est votre jeunesse que vous regrettez, plus encore que votre crime; c'est ma jeunesse que vous haïssez, plus encore que mon innocence.

74

CLYTEMNESTRE. Ce que je hais en toi, Électre, c'est moi-même. Ce n'est pas ta jeunesse—oh non!—c'est la mienne.

ÉLECTRE. Et moi, c'est *vous*, c'est bien *vous* que je hais.

CLYTEMNESTRE. Honte! Nous nous injurions comme deux femmes de même âge qu'une rivalité amoureuse a dressées l'une contre l'autre. Et pourtant je suis ta mère. Je ne sais qui tu es, jeune homme, ni ce que tu viens faire parmi nous, mais ta présence est néfaste. Électre me déteste, et je ne l'ignore pas. Mais nous avons durant quinze années gardé le silence, et seuls nos regards nous trahissaient. Tu es venu, tu nous as parlé, et nous voilà, montrant les dents et grondant comme des chiennes. Les lois de la cité nous font un devoir de t'offrir l'hospitalité, mais, je ne te le cache pas, je souhaite que tu t'en ailles. Quant à toi, mon enfant, ma trop fidèle image, je ne t'aime pas, c'est vrai. Mais je me couperais plutôt la main droite que de te nuire. Tu ne le sais que trop, tu abuses de ma faiblesse. Mais je ne te conseille pas de dresser contre Égisthe ta petite tête venimeuse: il sait, d'un coup de bâton, briser les reins des vipères. Crois-moi, fais ce qu'il t'ordonne, sinon il t'en cuira.

ÉLECTRE. Vous pouvez répondre au roi que je ne paraîtrai pas à la fête. Sais-tu ce qu'ils font, Philèbe? Il y a, au-dessus de la ville, une caverne dont nos jeunes gens n'ont jamais trouvé le fond; on dit qu'elle communique avec les enfers, le Grand Prêtre l'a fait boucher par une grosse pierre. Eh bien, le croiras-tu? à chaque anniversaire, le peuple se réunit devant cette caverne, des soldats repoussent de côté la pierre qui en bouche l'entrée, et nos morts, à ce qu'on dit, remontant des enfers, se répandent dans la ville. On met leurs couverts sur les tables, on leur offre des chaises et des lits, on se pousse un peu* pour leur faire place à la veillée, ils courent partout, il n'y en a plus que pour eux.* Tu devines les lamentations des vivants: «Mon petit mort, mon petit mort, je n'ai pas voulu t'offenser, pardonne-moi.» Demain matin, au chant du coq, ils rentreront sous terre, on roulera la pierre contre l'entrée de la grotte, et ce sera fini jusqu'à l'année prochaine. Je ne veux pas prendre part à ces momeries. Ce sont leurs morts, non les miens.

CLYTEMNESTRE. Si tu n'obéis pas de ton plein gré, le roi a donné l'ordre qu'on t'amène de force.

75

ÉLECTRE. De force?... Ha! Ha! De force? C'est bon. Ma bonne mère, s'il vous plaît, assurez le roi de mon obéissance. Je paraîtrai à la fête, et, puisque le peuple veut m'y voir, il ne sera pas déçu. Pour toi, Philèbe, je t'en prie, diffère ton départ, assiste à notre fête. Peut-être y trouveras-tu l'occasion de rire. A bientôt, je vais m'apprêter.

Elle sort.

CLYTEMNESTRE, *à Oreste.* Va-t'en. Je suis sûre que tu vas nous porter malheur. Tu ne peux pas nous en vouloir, nous ne t'avons rien fait. Va-t'en. Je t'en supplie par ta mère, va-t'en.

Elle sort.

ORESTE. Par ma mère...

Entre Jupiter.

SCÈNE VI

ORESTE—JUPITER.

JUPITER. Votre valet m'apprend que vous allez partir. Il cherche en vain des chevaux par toute la ville. Mais je pourrai vous procurer deux juments harnachées dans les prix doux.

ORESTE. Je ne pars plus.

JUPITER, *lentement.* Vous ne partez plus? (*Un temps. Vivement.*) Alors je ne vous quitte pas, vous êtes mon hôte. Il y a, au bas de la ville, une assez bonne auberge où nous logerons ensemble. Vous ne regretterez pas de m'avoir choisi pour compagnon. D'abord—abraxas, galla, galla, tsé, tsé—je vous débarrasse de vos mouches. Et puis, un homme de mon âge est quelquefois de bon conseil: je pourrais être votre père, vous me raconterez votre histoire. Venez, jeune homme, laissez-vous faire: des rencontres comme celles-ci sont quelquefois plus profitables qu'on ne le croit d'abord. Voyez l'exemple de Télémaque,* vous savez, le fils du roi Ulysse. Un beau jour il a rencontré un vieux monsieur du nom de Mentor,* qui s'est attaché à ses destinées et qui l'a suivi partout. Eh bien, savez-vous qui était ce Mentor?

Il l'entraîne en parlant et le rideau tombe.

ACTE II

PREMIER TABLEAU

Une plate-forme dans la montagne. A droite, la caverne. L'entrée est fermée par une grande pierre noire. A gauche, des marches conduisent à un temple.

SCÈNE I

LA FOULE, *puis* JUPITER, ORESTE *et* LE PÉDAGOGUE.

UNE FEMME *s'agenouille devant son petit garçon.* Ta cravate. Voilà trois fois que je te fais le nœud. *(Elle le brosse avec la main.)* Là. Tu es propre. Sois bien sage et pleure avec les autres quand on te le dira.

L'ENFANT. C'est par là qu'ils doivent venir?

LA FEMME. Oui.

L'ENFANT. J'ai peur.

LA FEMME. Il faut avoir peur,* mon chéri. Grand'peur. C'est comme cela qu'on devient un honnête homme.

UN HOMME. Ils auront beau temps aujourd'hui.

UN AUTRE. Heureusement! Il faut croire qu'ils sont encore sensibles à la chaleur du soleil. Il pleuvait l'an dernier, et ils ont été... terribles.

LE PREMIER. Terribles.

LE SECOND. Hélas!

LE TROISIÈME. Quand ils seront rentrés dans leur trou et qu'ils nous auront laissés seuls, entre nous, je grimperai ici, je regarderai cette pierre, et je me dirai: « A présent en voilà pour un an.* »

UN QUATRIÈME. Oui? Eh bien, ça ne me consolera pas, moi. A partir de demain je commencerai à me dire: « Comment

77

seront-ils l'année prochaine?» D'année en année ils se font plus méchants.

LE DEUXIÈME. Tais-toi, malheureux. Si l'un d'entre eux s'était infiltré par quelque fente du roc et rôdait déjà parmi nous... Il y a des morts qui sont en avance au rendez-vous.

Ils se regardent avec inquiétude.

UNE JEUNE FEMME. Si au moins ça pouvait commencer tout de suite. Qu'est-ce qu'ils font, ceux du palais? Ils ne se pressent pas. Moi, je trouve que c'est le plus dur, cette attente: on est là, on piétine sous un ciel de feu, sans quitter des yeux cette pierre noire... Ha! Ils sont là-bas, derrière la pierre; ils attendent comme nous, tout réjouis à la pensée du mal qu'ils vont nous faire.

UNE VIEILLE. Ça va, mauvaise garce! On sait ce qui lui fait peur, à celle-là. Son homme est mort, le printemps passé, et voilà dix ans qu'elle lui faisait porter des cornes.*

LA JEUNE FEMME. Eh bien oui, je l'avoue, je l'ai trompé tant que j'ai pu; mais je l'aimais bien et je lui rendais la vie agréable; il ne s'est jamais douté de rien, et il est mort en me jetant un doux regard de chien reconnaissant. Il sait tout à présent, on lui a gâché son plaisir, il me hait, il souffre. Et tout à l'heure, il sera contre moi, son corps de fumée épousera mon corps, plus étroitement qu'aucun vivant ne l'a jamais fait. Ah! je l'emmènerai chez moi, roulé autour de mon cou, comme une fourrure. Je lui ai préparé de bons petits plats, des gâteaux de farine, une collation comme il les aimait. Mais rien n'adoucira sa rancœur; et cette nuit... cette nuit, il sera dans mon lit.

UN HOMME. Elle a raison, parbleu. Que fait Égisthe? A quoi pense-t-il? Je ne puis supporter cette attente.

UN AUTRE. Plains-toi donc! Crois-tu qu'Égisthe a moins peur que nous? Voudrais-tu être à sa place, dis, et passer vingt-quatre heures en tête-à-tête avec Agamemnon?

LA JEUNE FEMME. Horrible, horrible attente. Il me semble, vous tous, que vous vous éloignez lentement de moi. La pierre n'est pas encore ôtée, et déjà chacun est en proie à ses morts, seul comme une goutte de pluie.

Entrent Jupiter, Oreste, le Pédagogue.

JUPITER. Viens par ici, nous serons mieux.

78

ORESTE. Les voilà donc, les citoyens d'Argos, les très fidèles sujets du roi Agamemnon?

LE PÉDAGOGUE. Qu'ils sont laids! Voyez, mon maître, leur teint de cire, leurs yeux caves. Ces gens-là sont en train de mourir de peur. Voilà pourtant l'effet de la superstition. Regardez-les, regardez-les. Et s'il vous faut encore une preuve de l'excellence de ma philosophie, considérez ensuite mon teint fleuri.

JUPITER. La belle affaire qu'un teint fleuri. Quelques coquelicots sur tes joues, mon bonhomme, ça ne t'empêchera pas d'être du fumier, comme tous ceux-ci, aux yeux de Jupiter. Va, tu empestes, et tu ne le sais pas.* Eux, cependant, ont les narines remplies de leurs propres odeurs, ils se connaissent mieux que toi.

La foule gronde.

UN HOMME, *montant sur les marches du temple, s'adresse à la foule.* Veut-on nous rendre fous? Unissons nos voix, camarades, et appelons Égisthe: nous ne pouvons pas tolérer qu'il diffère plus longtemps la cérémonie.

LA FOULE. Égisthe! Égisthe! Pitié!

UNE FEMME. Ah oui! Pitié! Pitié! Personne n'aura donc pitié de moi! Il va venir avec sa gorge ouverte, l'homme que j'ai tant haï, il m'enfermera dans ses bras invisibles et gluants, il sera mon amant toute la nuit, toute la nuit. Ha!

Elle s'évanouit.

ORESTE. Quelles folies*! Il faut dire à ces gens...

JUPITER. Hé quoi, jeune homme, tant de bruit pour une femme qui tourne de l'œil*? Vous en verrez d'autres.

UN HOMME, *se jetant à genoux.* Je pue! Je pue! Je suis une charogne immonde. Voyez, les mouches sont sur moi comme des corbeaux! Piquez, creusez, forez, mouches vengeresses, fouillez ma chair jusqu'à mon cœur ordurier. J'ai péché, j'ai cent mille fois péché, je suis un égout, une fosse d'aisance...

JUPITER. Le brave homme!

DES HOMMES, *le relevant.* Ça va, ça va. Tu raconteras ça plus tard, quand ils seront là.

L'homme reste hébété; il souffle en roulant des yeux.

79

LA FOULE. Égisthe! Égisthe. Par pitié, ordonne que l'on commence. Nous n'y tenons plus.

Égisthe paraît sur les marches du temple. Derrière lui Clytemnestre et le Grand Prêtre. Des gardes.

SCÈNE II

LES MÊMES—ÉGISTHE—CLYTEMNESTRE
LE GRAND PRÊTRE—LES GARDES.

ÉGISTHE. Chiens! Osez-vous bien vous plaindre? Avez-vous perdu la mémoire de votre abjection? Par Jupiter, je rafraîchirai vos souvenirs. (*Il se tourne vers Clytemnestre.*) Il faut bien nous résoudre à commencer sans elle. Mais qu'elle prenne garde. Ma punition sera exemplaire.

CLYTEMNESTRE. Elle m'avait promis d'obéir. Elle s'apprête; j'en suis sûre; elle doit s'être attardée devant son miroir.

ÉGISTHE, *aux gardes.* Qu'on aille quérir Électre au palais et qu'on l'amène ici, de gré ou de force. (*Les gardes sortent. A la foule.*) A vos places. Les hommes à ma droite. A ma gauche les femmes et les enfants. C'est bien.

Un silence. Égisthe attend.

LE GRAND PRÊTRE. Ces gens-là n'en peuvent plus.

ÉGISTHE. Je sais. Si mes gardes...

Les gardes rentrent.

UN GARDE. Seigneur, nous avons cherché partout la princesse. Mais le palais est désert.

ÉGISTHE. C'est bien. Nous réglerons demain ce compte-là. (*Au Grand Prêtre.*) Commence.

LE GRAND PRÊTRE. Otez la pierre.

LA FOULE. Ha!

Les gardes ôtent la pierre. Le Grand Prêtre s'avance jusqu'à l'entrée de la caverne.

LE GRAND PRÊTRE. Vous, les oubliés, les abandonnés, les désenchantés, vous qui traînez au ras de terre, dans le noir, comme des fumerolles,* et qui n'avez plus rien à vous que votre

80

Les Mouches, Acte II, Scène II

(Décors et costumes du peintre-sculpteur Adam)
by kind permission of Olivier Perrin Éditeur

grand dépit, vous les morts, debout, c'est votre fête! Venez, montez du sol comme une énorme vapeur de soufre chassée par le vent; montez des entrailles du monde, ô morts cent fois morts, vous que chaque battement de nos cœurs fait mourir à neuf, c'est par la colère et l'amertume et l'esprit de vengeance que je vous invoque, venez assouvir votre haine sur les vivants! Venez, répandez-vous en brume épaisse à travers nos rues, glissez vos cohortes serrées entre la mère et l'enfant, entre l'amant et son amante, faites-nous regretter de n'être pas morts. Debout, vampires, larves, spectres, harpies, terreur de nos nuits. Debout, les soldats qui moururent en blasphémant, debout les malchanceux, les humiliés, debout les morts de faim dont le cri d'agonie fut une malédiction. Voyez, les vivants sont là, les grasses proies vivantes! Debout, fondez sur eux en tourbillon et rongez-les jusqu'aux os! Debout! Debout! Debout!...

    Tam-tam. Il danse devant l'entrée de la caverne, d'abord lentement, puis de plus en plus vite et tombe exténué.

ÉGISTHE. Ils sont là!

LA FOULE. Horreur!

ORESTE. C'en est trop et je vais...

JUPITER. Regarde-moi, jeune homme, regarde-moi en face, là! là! Tu as compris? Silence à présent.

ORESTE. Qui êtes-vous?

JUPITER. Tu le sauras plus tard.

    Égisthe descend lentement les marches du palais.

ÉGISTHE. Ils sont là. (*Un silence.*) Il est là, Aricie,* l'époux que tu as bafoué. Il est là, contre toi, il t'embrasse. Comme il te serre, comme il t'aime, comme il te hait! Elle est là, Nicias, elle est là, ta mère, morte faute de soins. Et toi, Segeste, usurier infâme, ils sont là, tous tes débiteurs infortunés, ceux qui sont morts dans la misère et ceux qui se sont pendus parce que tu les ruinais. Ils sont là, et ce sont eux, aujourd'hui, qui sont les créanciers. Et vous, les parents, les tendres parents, baissez un peu les yeux, regardez plus bas, vers le sol: ils sont là, les enfants morts, ils tendent leurs petites mains; et toutes les joies que vous leur avez refusées, tous les tourments que vous leur avez infligés

81

pèsent comme du plomb sur leurs petites âmes rancuneuses et désolées.

La Foule. Pitié!

Égisthe. Ah, oui! Pitié! Ne savez-vous pas que les morts n'ont jamais de pitié? Leurs griefs sont ineffaçables, parce que leur compte s'est arrêté pour toujours.* Est-ce par des bienfaits, Nicias, que tu comptes effacer le mal que tu fis à ta mère? Mais quel bienfait pourra jamais l'atteindre? Son âme est un midi torride, sans un souffle de vent, rien n'y bouge, rien n'y change, rien n'y vit, un grand soleil décharné,* un soleil immobile la consume éternellement. Les morts ne sont plus—comprenez-vous ce mot implacable—ils ne sont plus, et c'est pour cela qu'ils se sont faits les gardiens incorruptibles de vos crimes.

La Foule. Pitié!

Égisthe. Pitié? Ah! piètres comédiens, vous avez du public aujourd'hui. Sentez-vous peser sur vos visages et sur vos mains les regards de ces millions d'yeux fixes et sans espoir? Ils nous voient, ils nous voient, nous sommes nus devant l'assemblée des morts. Ha! ha! Vous voilà bien empruntés à présent; il vous brûle, ce regard invisible et pur, plus inaltérable qu'un souvenir de regard.

La Foule. Pitié!

Les Hommes. Pardonnez-nous de vivre alors que vous êtes morts.

Les Femmes. Pitié! Nous sommes entourées de vos visages et des objets qui vous ont appartenu, nous portons votre deuil éternellement et nous pleurons de l'aube à la nuit et de la nuit à l'aube. Nous avons beau faire, votre souvenir s'effiloche et glisse entre nos doigts; chaque jour il pâlit un peu plus et nous sommes un peu plus coupables. Vous nous quittez, vous nous quittez, vous vous écoulez de nous comme une hémorragie. Pourtant, si cela pouvait apaiser vos âmes irritées, sachez, ô nos chers disparus, que vous nous avez gâché la vie.

Les Hommes. Pardonnez-nous de vivre alors que vous êtes morts.

Les Enfants. Pitié!* Nous n'avons pas fait exprès de naître, et nous sommes tous honteux de grandir. Comment aurions-nous pu vous offenser? Voyez, nous vivons à peine, nous sommes

82

maigres, pâles et tout petits ; nous ne faisons pas de bruit, nous glissons sans même ébranler l'air autour de nous. Et nous avons peur de vous, oh ! si grand'peur !

Les Hommes. Pardonnez-nous de vivre alors que vous êtes morts.

Égisthe. Paix ! Paix ! Si vous vous lamentez ainsi, que dirai-je, moi, votre roi ? Car mon supplice a commencé : le sol tremble et l'air s'est obscurci ; le plus grand des morts va paraître, celui que j'ai tué de mes mains, Agamemnon.

Oreste, *tirant son épée.* Ruffian ! Je ne te permettrai pas de mêler le nom de mon père* à tes singeries !

Jupiter, *le saisissant à bras-le-corps.* Arrêtez, jeune homme, arrêtez-vous !

Égisthe, *se retournant.* Qui ose ? (*Électre est apparue en robe blanche sur les marches du temple. Égisthe l'aperçoit.*) Électre !

La Foule. Électre !

SCÈNE III

LES MÊMES—ÉLECTRE.

Égisthe. Électre, réponds, que signifie ce costume ?

Électre. J'ai mis ma plus belle robe. N'est-ce pas un jour de fête ?

Le Grand Prêtre. Viens-tu narguer les morts ? C'est leur fête, tu le sais fort bien, et tu devais paraître en habits de deuil.

Électre. De deuil ? Pourquoi de deuil ? Je n'ai pas peur de mes morts, et je n'ai que faire des vôtres !

Égisthe. Tu as dit vrai ; tes morts ne sont pas nos morts. Regardez-la, sous sa robe de putain, la petite-fille d'Atrée,* d'Atrée qui égorgea lâchement ses neveux. Qu'es-tu donc, sinon le dernier rejeton d'une race maudite ? Je t'ai tolérée par pitié dans mon palais, mais je reconnais ma faute aujourd'hui, car c'est toujours le vieux sang pourri des Atrides qui coule dans tes veines, et tu nous infecterais tous si je n'y mettais bon ordre. Patiente un peu, chienne, et tu verras si je sais punir. Tu n'auras pas assez de tes yeux pour pleurer.

83

LA FOULE. Sacrilège !

ÉGISTHE. Entends-tu, malheureuse, les grondements de ce peuple que tu as offensé, entends-tu le nom qu'il te donne ? Si je n'étais pas là pour mettre un frein à sa colère, il te déchirerait sur place.

LA FOULE. Sacrilège !

ÉLECTRE. Est-ce un sacrilège que d'être gaie ? Pourquoi ne sont-ils pas gais, eux ? Qui les en empêche ?

ÉGISTHE. Elle rit et son père mort est là, avec du sang caillé sur la face...

ÉLECTRE. Comment osez-vous parler d'Agamemnon ? Savez-vous s'il ne vient pas la nuit me parler à l'oreille ? Savez-vous quels mots d'amour et de regret sa voix rauque et brisée me chuchote ? Je ris, c'est vrai, pour la première fois de ma vie, je ris, je suis heureuse. Prétendez-vous que mon bonheur ne réjouit pas le cœur de mon père ? Ah ! s'il est là, s'il voit sa fille en robe blanche, sa fille que vous avez réduite au rang abject d'esclave, s'il voit qu'elle porte le front haut et que le malheur n'a pas abattu sa fierté, il ne songe pas, j'en suis sûre, à me maudire ; ses yeux brillent dans son visage supplicié et ses lèvres sanglantes essaient de sourire.

LA JEUNE FEMME. Et si elle disait vrai ?

DES VOIX. Mais non, elle ment, elle est folle. Électre, va-t'en de grâce, sinon ton impiété retombera sur nous.

ÉLECTRE. De quoi donc avez-vous peur ? Je regarde autour de vous et je ne vois que vos ombres. Mais écoutez ceci que je viens d'apprendre et que vous ne savez peut-être pas : il y a en Grèce des villes heureuses. Des villes blanches et calmes qui se chauffent au soleil comme des lézards. A cette heure même, sous ce même ciel, il y a des enfants qui jouent sur les places de Corinthe. Et leurs mères ne demandent point pardon de les avoir mis au monde. Elles les regardent en souriant, elles sont fières d'eux. O mères d'Argos, comprenez-vous ? Pouvez-vous encore comprendre l'orgueil d'une femme qui regarde son enfant et qui pense : « C'est moi qui l'ai porté dans mon sein ? »

ÉGISTHE. Tu vas te taire, à la fin, ou je ferai rentrer les mots dans ta gorge.

84

Des Voix *dans la foule.* Oui, oui! Qu'elle se taise. Assez, assez!

D'autres Voix. Non, laissez-la parler! Laissez-la parler. C'est Agamemnon qui l'inspire.

Électre. Il fait beau. Partout, dans la plaine, des hommes lèvent la tête et disent: «Il fait beau», et ils sont contents. O bourreaux de vous-mêmes, avez-vous oublié cet humble contentement du paysan qui marche sur sa terre et qui dit: «Il fait beau»? Vous voilà les bras ballants, la tête basse, respirant à peine. Vos morts se collent contre vous, et vous demeurez immobiles dans la crainte de les bousculer au moindre geste. Ce serait affreux, n'est-ce pas? si vos mains traversaient soudain une petite vapeur moite, l'âme de votre père ou de votre aïeul?— Mais regardez-moi: j'étends les bras, je m'élargis, et je m'étire comme un homme qui s'éveille, j'occupe ma place au soleil, toute ma place. Est-ce que le ciel me tombe sur la tête? Je danse, voyez, je danse, et je ne sens rien que le souffle du vent dans mes cheveux. Où sont les morts? Croyez-vous qu'ils dansent avec moi, en mesure?

Le Grand Prêtre. Habitants d'Argos, je vous dis que cette femme est sacrilège. Malheur à elle et à ceux d'entre vous qui l'écoutent.

Électre. O mes chers morts, Iphigénie,* ma sœur aînée, Agamemnon, mon père et mon seul roi, écoutez ma prière. Si je suis sacrilège, si j'offense vos mânes douloureux, faites un signe, faites-moi vite un signe, afin que je le sache. Mais si vous m'approuvez, mes chéris, alors taisez-vous, je vous en prie, que pas une feuille ne bouge, pas un brin d'herbe, que pas un bruit ne vienne troubler ma danse sacrée: car je danse pour la joie, je danse pour la paix des hommes, je danse pour le bonheur et pour la vie. O mes morts, je réclame votre silence, afin que les hommes qui m'entourent sachent que votre cœur est avec moi.

Elle danse.

Voix *dans la foule.* Elle danse! Voyez-la, légère comme une flamme, elle danse au soleil, comme l'étoffe claquante d'un drapeau—et les morts se taisent!

La jeune Femme. Voyez son air d'extase—non, ce n'est pas le

85

visage d'une impie. Eh bien, Égisthe, Égisthe ! Tu ne dis rien—
pourquoi ne réponds-tu pas?

ÉGISTHE. Est-ce qu'on discute avec les bêtes puantes? On les
détruit ! J'ai eu tort de l'épargner autrefois; mais c'est un tort
réparable: n'ayez crainte, je vais l'écraser contre terre, et sa race
s'anéantira avec elle.

LA FOULE. Menacer n'est pas répondre, Égisthe ! N'as-tu rien
d'autre à nous dire?

LA JEUNE FEMME. Elle danse, elle sourit, elle est heureuse, et les
morts semblent la protéger. Ah ! trop enviable Électre ! vois, moi
aussi, j'écarte les bras et j'offre ma gorge au soleil !

VOIX dans la foule. Les morts se taisent: Égisthe, tu nous as
menti !

ORESTE. Chère Électre !

JUPITER. Parbleu, je vais rabattre le caquet de cette gamine.
(Il étend le bras.) Posidon caribou caribon lullaby.*

    *La grosse pierre qui obstruait l'entrée de la caverne roule avec
    fracas contre les marches du temple. Électre cesse de danser.*

LA FOULE. Horreur !

    Un long silence.

LE GRAND PRÊTRE. O peuple lâche et trop léger: les morts se
vengent ! Voyez les mouches fondre sur nous en épais tourbillons !
Vous avez écouté une voix sacrilège et nous sommes maudits !

LA FOULE. Nous n'avons rien fait, ça n'est pas notre faute, elle
est venue, elle nous a séduits par ses paroles empoisonnées ! A la
rivière, la sorcière, à la rivière ! Au bûcher !

UNE VIEILLE FEMME, désignant la jeune femme. Et celle-ci, là, qui
buvait ses discours comme du miel, arrachez-lui ses vêtements,
mettez-la toute nue et fouettez-la jusqu'au sang.

    *On s'empare de la jeune femme, des hommes gravissent les
    marches de l'escalier et se précipitent vers Électre.*

ÉGISTHE, qui s'est redressé. Silence, chiens. Regagnez vos places
en bon ordre et laissez-moi le soin du châtiment. (Un silence.) Eh
bien? Vous avez vu ce qu'il en coûte de ne pas m'obéir? Dou-
terez-vous de votre chef, à présent? Rentrez chez vous, les morts
vous accompagnent, ils seront vos hôtes tout le jour et toute la
nuit. Faites-leur place à votre table, à votre foyer, dans votre

86

couche, et tâchez que votre conduite exemplaire leur fasse oublier tout ceci. Quant à moi, bien que vos soupçons m'aient blessé, je vous pardonne. Mais toi, Électre...

ÉLECTRE. Eh bien quoi? J'ai raté mon coup. La prochaine fois je ferai mieux.

ÉGISTHE. Je ne t'en donnerai pas l'occasion. Les lois de la cité m'interdisent de punir en ce jour de fête. Tu le savais et tu en as abusé. Mais tu ne fais plus partie de la cité, je te chasse. Tu partiras pieds nus et sans bagage, avec cette robe infâme sur le corps. Si tu es encore dans nos murs demain à l'aube, je donne l'ordre à quiconque te rencontrera de t'abattre comme une brebis galeuse.

> *Il sort, suivi des gardes. La foule défile devant Électre en lui montrant le poing.*

JUPITER, *à Oreste.* Eh bien, mon maître? Etes-vous édifié? Voilà une histoire morale, ou je me trompe fort: les méchants ont été punis et les bons récompensés. (*Désignant Électre.*) Cette femme...

ORESTE. Cette femme est ma sœur, bonhomme! Va-t'en, je veux lui parler.

JUPITER *le regarde un instant, puis hausse les épaules.* Comme tu voudras.

> *Il sort, suivi du Pédagogue.*

SCÈNE IV

ÉLECTRE *sur les marches du temple*—ORESTE.

ORESTE. Électre!

ÉLECTRE *lève la tête et le regarde.* Ah! te voilà, Philèbe?

ORESTE. Tu ne peux plus demeurer en cette ville, Électre. Tu es en danger.

ÉLECTRE. En danger? Ah! c'est vrai! Tu as vu comme j'ai raté mon coup. C'est un peu ta faute, tu sais, mais je ne t'en veux pas.

ORESTE. Qu'ai-je donc fait?

ÉLECTRE. Tu m'as trompée. (*Elle descend vers lui.*) Laisse-moi voir ton visage. Oui, je me suis prise à tes yeux.

ORESTE. Le temps presse, Électre. Écoute: nous allons fuir ensemble. Quelqu'un doit me procurer des chevaux, je te prendrai en croupe.

ÉLECTRE. Non.

ORESTE. Tu ne veux pas fuir avec moi?

ÉLECTRE. Je ne veux pas fuir.

ORESTE. Je t'emmènerai à Corinthe.

ÉLECTRE, *riant.* Ha! Corinthe... Tu vois, tu ne le fais pas exprès, mais tu me trompes encore. Que ferais-je à Corinthe, moi? Il faut que je sois raisonnable. Hier encore j'avais des désirs si modestes: quand je servais à table, les paupières baissées, je regardais entre mes cils le couple royal, la vieille belle au visage mort, et lui, gras et pâle, avec sa bouche veule et cette barbe noire qui lui court d'une oreille à l'autre comme un régiment d'araignées, et je rêvais de voir un jour une fumée, une petite fumée droite, pareille à une haleine par un froid matin, monter de leurs ventres ouverts. C'est tout ce que je demandais, Philèbe, je te le jure. Je ne sais pas ce que tu veux, toi, mais il ne faut pas que je te croie: tu n'as pas des yeux modestes. Tu sais ce que je pensais, avant de te connaître? C'est que le sage ne peut rien souhaiter sur terre, sinon de rendre un jour le mal qu'on lui a fait.

ORESTE. Électre, si tu me suis, tu verras qu'on peut souhaiter encore beaucoup d'autres choses sans cesser d'être sage.

ÉLECTRE. Je ne veux plus t'écouter; tu m'as fait beaucoup de mal. Tu es venu avec tes yeux affamés dans ton doux visage de fille, et tu m'as fait oublier ma haine; j'ai ouvert mes mains et j'ai laissé glisser à mes pieds mon seul trésor. J'ai voulu croire que je pourrais guérir les gens d'ici par des paroles. Tu as vu ce qui est arrivé: ils aiment leur mal, ils ont besoin d'une plaie familière qu'ils entretiennent soigneusement en la grattant de leurs ongles sales. C'est par la violence qu'il faut les guérir,* car on ne peut vaincre le mal que par un autre mal. Adieu, Philèbe, va-t'en, laisse-moi à mes mauvais songes.

ORESTE. Ils vont te tuer.

88

ÉLECTRE. Il y a un sanctuaire ici, le temple d'Apollon; les criminels s'y réfugient parfois, et, tant qu'ils y demeurent, personne ne peut toucher à un cheveu de leur tête. Je m'y cacherai.

ORESTE. Pourquoi refuses-tu mon aide?

ÉLECTRE. Ce n'est pas à toi de m'aider. Quelqu'un d'autre viendra pour me délivrer. (*Un temps.*) Mon frère n'est pas mort, je le sais. Et je l'attends.

ORESTE. S'il ne venait pas?

ÉLECTRE. Il viendra, il ne peut pas ne pas venir. Il est de notre race, comprends-tu; il a le crime et le malheur dans le sang, comme moi. C'est quelque grand soldat, avec les gros yeux rouges de notre père, toujours à cuver une colère,* il souffre, il s'est embrouillé dans sa destinée comme les chevaux éventrés s'embrouillent les pattes dans leurs intestins: et maintenant, quelque mouvement qu'il fasse, il faut qu'il s'arrache les entrailles. Il viendra, cette ville l'attire, j'en suis sûre, parce que c'est ici qu'il peut faire le plus grand mal, qu'il peut se faire le plus de mal. Il viendra, le front bas, souffrant et piaffant. Il me fait peur: toutes les nuits je le vois en songe et je m'éveille en hurlant. Mais je l'attends et je l'aime. Il faut que je demeure ici pour guider son courroux—car j'ai de la tête, moi—pour lui montrer du doigt les coupables et pour lui dire: «Frappe, Oreste, frappe: les voilà!»

ORESTE. Et s'il n'était pas comme tu l'imagines?

ÉLECTRE. Comment veux-tu qu'il soit, le fils d'Agamemnon et de Clytemnestre?

ORESTE. S'il était las de tout ce sang, ayant grandi dans une ville heureuse?

ÉLECTRE. Alors je lui cracherais au visage et je lui dirais: «Va-t'en, chien, va chez les femmes, car tu n'es rien d'autre qu'une femme. Mais tu fais un mauvais calcul: tu es le petit-fils d'Atrée, tu n'échapperas pas au destin des Atrides. Tu as préféré la honte au crime, libre à toi.* Mais le destin viendra te chercher dans ton lit: tu auras la honte d'abord, et puis tu commettras le crime, en dépit de toi-même!»

ORESTE. Électre, je suis Oreste.

ÉLECTRE, *dans un cri.* Tu mens!

ORESTE. Par les mânes de mon père Agamemnon, je te le jure:

je suis Oreste. (*Un silence.*) Eh bien? Qu'attends-tu pour me cracher au visage?

ÉLECTRE. Comment le pourrais-je? (*Elle le regarde.*) Ce beau front est le front de mon frère. Ces yeux qui brillent sont les yeux de mon frère. Oreste... Ah! j'aurais préféré que tu restes Philèbe et que mon frère fût mort. (*Timidement.*) C'est vrai que tu as vécu à Corinthe?

ORESTE. Non. Ce sont des bourgeois d'Athènes qui m'ont élevé.

ÉLECTRE. Que tu as l'air jeune! Est-ce que tu t'es jamais battu? Cette épée que tu portes au côté, t'a-t-elle jamais servi?

ORESTE. Jamais.

ÉLECTRE. Je me sentais moins seule quand je ne te connaissais pas encore: j'attendais l'autre. Je ne pensais qu'à sa force et jamais à ma faiblesse. A présent te voilà; Oreste, c'était toi. Je te regarde et je vois que nous sommes deux orphelins. (*Un temps.*) Mais je t'aime, tu sais. Plus que je l'eusse aimé, lui.

ORESTE. Viens, si tu m'aimes; fuyons ensemble.

ÉLECTRE. Fuir? Avec toi? Non. C'est ici que se joue le sort des Atrides, et je suis une Atride. Je ne te demande rien. Je ne veux plus rien demander à Philèbe. Mais je reste ici.

> *Jupiter paraît au fond de la scène et se cache pour les écouter.*

ORESTE. Électre, je suis Oreste..., ton frère. Moi aussi je suis un Atride, et ta place est à mes côtés.

ÉLECTRE. Non. Tu n'es pas mon frère et je ne te connais pas. Oreste est mort, c'est tant mieux pour lui; désormais j'honorerai ses mânes avec ceux de mon père et de ma sœur. Mais toi, toi qui viens réclamer le nom d'Atride, qui es-tu pour te dire des nôtres? As-tu passé ta vie à l'ombre d'un meurtre? Tu devais être un enfant tranquille avec un doux air réfléchi, l'orgueil de ton père adoptif, un enfant bien lavé, aux yeux brillants de confiance. Tu avais confiance dans les gens, parce qu'ils te faisaient de grands sourires, dans les tables, dans les lits, dans les marches d'escalier, parce que ce sont de fidèles serviteurs de l'homme; dans la vie, parce que tu étais riche et que tu avais beaucoup de jouets; tu devais penser quelquefois que le monde n'était pas si mal fait et que c'était un plaisir de s'y laisser aller comme dans un bon bain tiède, en soupirant d'aise. Moi, à six ans, j'étais servante et je me méfiais de tout. (*Un temps.*) Va-t'en, belle âme. Je n'ai que faire des belles âmes:* c'est un complice que je voulais.

ORESTE. Penses-tu que je te laisserai seule? Que ferais-tu ici, ayant perdu jusqu'à ton dernier espoir?

ÉLECTRE. C'est mon affaire. Adieu, Philèbe.

ORESTE. Tu me chasses? (*Il fait quelques pas et s'arrête.*) Ce reître* irrité que tu attendais, est-ce ma faute si je ne lui ressemble pas? Tu l'aurais pris par la main et tu lui aurais dit: « Frappe! » A moi tu n'as rien demandé. Qui suis-je donc, bon Dieu, pour que ma propre sœur me repousse, sans même m'avoir éprouvé?

ÉLECTRE. Ah! Philèbe, je ne pourrai jamais charger d'un tel poids ton cœur sans haine.

ORESTE, *accablé.* Tu dis bien: sans haine. Sans amour non plus. Toi, j'aurais pu t'aimer. *J'aurais pu...* Mais quoi? Pour aimer, pour haïr, il faut se donner. Il est beau, l'homme au sang riche, solidement planté au milieu de ses biens, qui se donne un beau jour à l'amour, à la haine, et qui donne avec lui sa terre, sa maison et ses souvenirs. Qui suis-je et qu'ai-je à donner, moi? J'existe à peine: de tous les fantômes qui rôdent aujourd'hui par la ville, aucun n'est plus fantôme que moi. J'ai connu des amours de fantôme, hésitants et clairsemés comme des vapeurs; mais j'ignore les denses passions des vivants. (*Un temps.*) Honte! Je suis revenu dans ma ville natale, et ma sœur a refusé de me reconnaître. Où vais-je aller, à présent? Quelle cité faut-il que je hante?

ÉLECTRE. N'en est-il pas une où t'attend quelque fille au beau visage?

ORESTE. Personne ne m'attend. Je vais de ville en ville, étranger aux autres et à moi-même,* et les villes se referment derrière moi comme une eau tranquille. Si je quitte Argos, que restera-t-il de mon passage, sinon l'amer désenchantement de ton cœur?

ÉLECTRE. Tu m'as parlé de villes heureuses...

ORESTE. Je me soucie bien du bonheur.* Je veux mes souvenirs, mon sol, ma place au milieu des hommes d'Argos. (*Un silence.*) Électre, je ne m'en irai pas d'ici.

91

ÉLECTRE. Philèbe, va-t'en, je t'en supplie: j'ai pitié de toi, va-t'en si je te suis chère; rien ne peut t'arriver que du mal, et ton innocence ferait échouer mes entreprises.

ORESTE. Je ne m'en irai pas.

ÉLECTRE. Et tu crois que je vais te laisser là, dans ta pureté importune, juge intimidant et muet de mes actes? Pourquoi t'en-têtes-tu? Personne ici ne veut de toi.

ORESTE. C'est ma seule chance. Électre, tu ne peux pas me la refuser. Comprends-moi: je veux être un homme de quelque part, un homme parmi les hommes. Tiens, un esclave, lorsqu'il passe, las et rechigné, portant un lourd fardeau, traînant la jambe et regardant à ses pieds, tout juste à ses pieds, pour éviter de choir, il est *dans* sa ville, comme une feuille dans un feuillage, comme l'arbre dans la forêt, Argos est autour de lui, toute pesante et toute chaude, toute pleine d'elle-même; je veux être cet esclave, Électre, je veux tirer la ville autour de moi et m'y enrouler comme dans une couverture. Je ne m'en irai pas.

ÉLECTRE. Demeurerais-tu cent ans parmi nous, tu ne seras jamais qu'un étranger, plus seul que sur une grande route. Les gens te regarderont de coin, entre leurs paupières mi-closes, et ils baisseront la voix quand tu passeras près d'eux.

ORESTE. Est-ce donc si difficile de vous servir? Mon bras peut défendre la ville, et j'ai de l'or pour soulager vos miséreux.

ÉLECTRE. Nous ne manquons, ni de capitaines, ni d'âmes pieuses pour faire le bien.

ORESTE. Alors...

> *Il fait quelques pas, la tête basse. Jupiter paraît et le regarde en se frottant les mains.*

ORESTE, *relevant la tête.* Si du moins j'y voyais clair! Ah! Zeus, Zeus, roi du ciel, je me suis rarement tourné vers toi, et tu ne m'as guère été favorable, mais tu m'es témoin que je n'ai jamais voulu que le Bien. A présent je suis las, je ne distingue plus le Bien du Mal et j'ai besoin qu'on me trace ma route. Zeus, faut-il vraiment qu'un fils de roi, chassé de sa ville natale, se résigne saintement à l'exil et vide les lieux la tête basse, comme un chien couchant? Est-ce là ta volonté? Je ne puis le croire. Et cependant...

92

cependant tu as défendu de verser le sang... Ah! qui parle de verser le sang, je ne sais plus ce que je dis... Zeus, je t'implore: si la résignation et l'abjecte humilité sont les lois que tu m'imposes, manifeste-moi ta volonté par quelque signe, car je ne vois plus clair du tout.

JUPITER, *pour lui-même.* Mais comment donc: à ton service! Abraxas, abraxas, tsé, tsé!

La lumière fuse autour de la pierre.

ÉLECTRE *se met à rire.* Ha! Ha! Il pleut des miracles aujourd'hui! Vois, pieux Philèbe, vois ce qu'on gagne à consulter les Dieux! (*Elle est prise d'un fou rire.*) Le bon jeune homme... le pieux Philèbe: « Fais-moi signe, Zeus, fais-moi signe! » Et voilà la lumière qui fuse autour de la pierre sacrée. Va-t'en! A Corinthe! A Corinthe! Va-t'en!

ORESTE, *regardant la pierre.* Alors... c'est ça le Bien? (*Un temps, il regarde toujours la pierre.*) Filer doux. Tout doux. Dire toujours « Pardon » et « Merci »... c'est ça?

(*Un temps, il regarde toujours la pierre.*) Le Bien. *Leur* Bien...

(*Un temps.*) Électre!

ÉLECTRE. Va vite, va vite. Ne déçois pas cette sage nourrice qui se penche sur toi du haut de l'Olympe. (*Elle s'arrête, interdite.*) Qu'as-tu?

ORESTE, *d'une voix changée.* Il y a un autre chemin.

ÉLECTRE, *effrayée.* Ne fais pas le méchant, Philèbe. Tu as demandé les ordres des Dieux: eh bien! tu les connais.

ORESTE. Des ordres?... Ah oui... Tu veux dire: la lumière là, autour de ce gros caillou? Elle n'est pas pour moi, cette lumière; et personne ne peut plus me donner d'ordre à présent.

ÉLECTRE. Tu parles par énigmes.

ORESTE. Comme tu es loin de moi, tout à coup..., comme tout est changé! Il y avait autour de moi quelque chose de vivant et de chaud. Quelque chose qui vient de mourir. Comme tout est vide... Ah! quel vide immense, à perte de vue... (*Il fait quelques pas.*) La nuit tombe... Tu ne trouves pas qu'il fait froid?... Mais qu'est-ce donc..., qu'est-ce donc qui vient de mourir?

ÉLECTRE. Philèbe...

93

As though he's got to save E from dungeon in town.

ORESTE. Je te dis qu'il y a un autre chemin..., mon chemin. Tu ne le vois pas? Il part d'ici et il descend vers la ville. Il faut descendre, comprends-tu, descendre jusqu'à vous, vous êtes au fond d'un trou, tout au fond... (*Il s'avance vers Électre.*) Tu es *ma* sœur, Électre, et cette ville est *ma* ville. *Ma sœur!*

Il lui prend le bras.

ÉLECTRE. Laisse-moi! Tu me fais mal, tu me fais peur—et je ne t'appartiens pas. No longer his softness.

ORESTE. Je sais. Pas encore: je suis trop léger. Il faut que je me leste d'un forfait bien lourd qui me fasse couler à pic, jusqu'au fond d'Argos. Like ship which must take on ballasts.

ÉLECTRE. Que vas-tu entreprendre?

Moment of decision come + gone.

Vague nostalgia.

He makes decision realising what he's giving up.

ORESTE. Attends. Laisse-moi dire adieu à cette légèreté sans tache qui fut la mienne. Laisse-moi dire adieu à ma jeunesse. Il y a des soirs, des soirs de Corinthe ou d'Athènes, pleins de chants et d'odeurs, qui ne m'appartiendront plus jamais. Des matins, pleins d'espoir aussi... Allons, adieu! adieu! (*Il vient vers Électre.*) Viens, Électre, regarde notre ville. Elle est là, rouge sous le soleil, bourdonnante d'hommes et de mouches, dans l'engourdissement têtu d'un après-midi d'été; elle me repousse de tous ses murs, de tous ses toits, de toutes ses portes closes. Et pourtant elle est à prendre, je le sens depuis ce matin. Et toi aussi, Électre, tu es à prendre. Je vous prendrai. Je deviendrai hache et je fendrai en deux ces murailles obstinées, j'ouvrirai le ventre de ces maisons bigotes, elles exhaleront par leurs plaies béantes une odeur de mangeaille et d'encens; je deviendrai cognée et je m'enfoncerai dans le cœur de cette ville comme la cognée dans le cœur d'un chêne. Image of red butchery.

Turning into O of her dream.

ÉLECTRE. Comme tu as changé: tes yeux ne brillent plus, ils sont ternes et sombres. Hélas! Tu étais si doux, Philèbe. Et voilà que tu me parles comme l'autre me parlait en songe.

ORESTE. Écoute: tous ces gens qui tremblent dans des chambres sombres, entourés de leurs chers défunts, suppose que j'assume tous leurs crimes. Suppose que je veuille mériter le nom de « voleur de remords »* et que j'installe en moi tous leurs repentirs; ceux de la femme qui trompa son mari, ceux du

Will come down to removing people eg Cly + Eg who make them feel guilty.

Only going to enter town by force

marchand qui laissa mourir sa mère, ceux de l'usurier qui tondit jusqu'à la mort ses débiteurs?

Dis, ce jour-là, quand je serai hanté par des remords plus nombreux que les mouches d'Argos, par tous les remords de la ville, est-ce que je n'aurai pas acquis droit de cité parmi vous? Est-ce que je ne serai pas chez moi, entre vos murailles sanglantes, comme le boucher en tablier rouge est chez lui dans sa boutique, entre les bœufs saignants qu'il vient d'écorcher?

ÉLECTRE. Tu veux expier pour nous?

ORESTE. Expier? J'ai dit que j'installerai en moi vos repentirs, mais je n'ai pas dit ce que je ferai de ces volailles criardes: peut-être leur tordrai-je le cou.

ÉLECTRE. Et comment pourrais-tu te charger de nos maux?

ORESTE. Vous ne demandez qu'à vous en défaire. Le roi et la reine seuls les maintiennent de force en vos cœurs.

ÉLECTRE. Le roi et la reine... Philèbe!

ORESTE. Les Dieux me sont témoins que je ne voulais pas verser leur sang.

Un long silence.

ÉLECTRE. Tu es trop jeune, trop faible...

ORESTE. Vas-tu reculer, à présent? Cache-moi dans le palais, conduis-moi ce soir jusqu'à la couche royale, et tu verras si je suis trop faible.

ÉLECTRE. Oreste!

ORESTE. Électre! Tu m'as appelé Oreste pour la première fois.

ÉLECTRE. Oui. C'est bien toi. Tu es Oreste. Je ne te reconnais pas, car ce n'est pas ainsi que je t'attendais. Mais ce goût amer dans ma bouche, ce goût de fièvre, mille fois je l'ai senti dans mes songes et je le reconnais. Tu es donc venu, Oreste, et ta décision est prise, et me voilà, comme dans mes songes, au seuil d'un acte irréparable, et j'ai peur—comme en songe. O moment tant attendu et tant redouté! A présent, les instants vont s'enchaîner comme les rouages d'une mécanique, et nous n'aurons plus de répit jusqu'à ce qu'ils soient couchés tous les deux sur le dos, avec des visages pareils aux mûres écrasées. Tout ce sang! Et c'est toi qui vas le verser, toi qui avais des yeux si doux. Hélas, jamais je ne reverrai cette douceur, jamais plus je ne reverrai

95

got what he wanted

Philèbe. Oreste, tu es mon frère aîné et le chef de notre famille, prends-moi dans tes bras, protège-moi, car nous allons au-devant de très grandes souffrances.

> Oreste la prend dans ses bras. Jupiter sort de sa cachette et s'en va à pas de loup.

(RIDEAU.)

Despite imagination she's under no illusion.

DEUXIÈME TABLEAU

Dans le palais; la salle du trône. Une statue de Jupiter, terrible et sanglante. Le jour tombe.

SCÈNE I

ÉLECTRE *entre la première
et fait signe à* ORESTE *d'entrer.*

ORESTE. On vient !
Il met l'épée à la main.
ÉLECTRE. Ce sont des soldats qui font leur ronde. Suis-moi: nous allons nous cacher par ici.
Ils se cachent derrière le trône.

SCÈNE II

LES MÊMES (*cachés*)—DEUX SOLDATS.

PREMIER SOLDAT. Je ne sais pas ce qu'ont les mouches aujourd'hui: elles sont folles.
DEUXIÈME SOLDAT. Elles sentent les morts et ça les met en joie. Je n'ose plus bâiller de peur qu'elles ne s'enfoncent dans ma gueule ouverte et n'aillent faire le carrousel* au fond de mon gosier. (*Électre se montre un instant et se cache.*) Tiens, il y a quelque chose qui a craqué.
PREMIER SOLDAT. C'est Agamemnon qui s'assied sur son trône.
DEUXIÈME SOLDAT. Et dont les larges fesses font craquer les planches du siège? Impossible, collègue, les morts ne pèsent pas.
PREMIER SOLDAT. Ce sont les roturiers qui ne pèsent pas. Mais lui, avant que d'être un mort royal, c'était un royal bon vivant,

97

qui faisait, bon an mal an, ses cent vingt-cinq kilos. C'est bien rare s'il ne lui en reste pas quelques livres.

Deuxième Soldat. Alors... tu crois qu'il est là?

Premier Soldat. Où veux-tu qu'il soit? Si j'étais un roi mort, moi, et que j'eusse tous les ans une permission de vingt-quatre heures, sûr que je reviendrais m'asseoir sur mon trône et que j'y passerais la journée, à me rappeler les bons souvenirs d'autrefois, sans faire de mal à personne.

Deuxième Soldat. Tu dis ça parce que tu es vivant. Mais si tu ne l'étais plus, tu aurais bien autant de vice que les autres. (*Le premier soldat lui donne une gifle.*) Holà! Holà!

Premier Soldat. C'est pour ton bien; regarde, j'en ai tué sept d'un coup, tout un essaim.

Deuxième Soldat. De morts?

Premier Soldat. Non. De mouches. J'ai du sang plein les mains. (*Il s'essuie sur sa culotte.*) Vaches de mouches.

Deuxième Soldat. Plût aux Dieux qu'elles fussent mort-nées. Vois tous ces hommes morts qui sont ici: ils ne pipent mot,* ils s'arrangent pour ne pas gêner. Les mouches crevées, ça serait pareil.

Premier Soldat. Tais-toi; si je pensais qu'il y eût ici des mouches fantômes, par-dessus le marché...

Deuxième Soldat. Pourquoi pas?

Premier Soldat. Tu te rends compte? Ça crève par millions chaque jour, ces bestioles. Si l'on avait lâché par la ville toutes celles qui sont mortes depuis l'été dernier, il y en aurait trois cent soixante-cinq mortes pour une vivante à tourniquer* autour de nous. Pouah! l'air serait sucré de mouches, on mangerait mouche, on respirerait mouche, elles descendraient par coulées visqueuses dans nos bronches et dans nos tripes... Dis donc, c'est peut-être pour cela qu'il flotte dans cette chambre des odeurs si singulières.

Deuxième Soldat. Bah! Une salle de mille pieds carrés comme celle-ci, il suffit de quelques morts humains pour l'empester. On dit que nos morts ont mauvaise haleine.

Premier Soldat. Écoute donc! Ils se mangent les sangs,* ces hommes-là...

Deuxième Soldat. Je te dis qu'il y a quelque chose: le plancher craque.

98

Ils vont voir derrière le trône par la droite; Oreste et Électre sortent par la gauche,* passent devant les marches du trône et regagnent leur cachette par la droite, au moment où les soldats sortent à gauche.

PREMIER SOLDAT. Tu vois bien qu'il n'y a personne. C'est Agamemnon, que je te dis, sacré Agamemnon! Il doit être assis sur ces coussins: droit comme un i*—et il nous regarde: il n'a rien à faire de son temps, qu'à nous regarder.

DEUXIÈME SOLDAT. Nous ferions mieux de rectifier la position, tant pis si les mouches nous chatouillent le nez.

PREMIER SOLDAT. J'aimerais mieux être au corps de garde, en train de faire une bonne partie.* Là-bas, les morts qui reviennent sont des copains, de simples grivetons,* comme nous. Mais quand je pense que le feu roi est là, et qu'il compte les boutons qui manquent à ma veste, je me sens drôle, comme lorsque le général nous passe en revue.

Entrent Égisthe, Clytemnestre, des serviteurs portant des lampes.

ÉGISTHE. Qu'on nous laisse seuls.

SCÈNE III

ÉGISTHE—CLYTEMNESTRE—ORESTE *et* ÉLECTRE (*cachés*).

CLYTEMNESTRE. Qu'avez-vous?

ÉGISTHE. Vous avez vu? Si je ne les avais frappés de terreur, ils se débarrassaient* en un tournemain de leurs remords.

CLYTEMNESTRE. N'est-ce que cela qui vous inquiète? Vous saurez toujours glacer leur courage en temps voulu.

ÉGISTHE. Il se peut. Je ne suis que trop habile à ces comédies. (*Un temps.*) Je regrette d'avoir dû punir Électre.

CLYTEMNESTRE. Est-ce parce qu'elle est née de moi? Il vous a plu de le faire, et je trouve bon tout ce que vous faites.

ÉGISTHE. Femme, ce n'est pas pour toi que je le regrette.

CLYTEMNESTRE. Alors, pourquoi? Vous n'aimiez pas Électre.

ÉGISTHE. Je suis las. Voici quinze ans que je tiens en l'air, à bout

99

de bras, le remords de tout un peuple. Voici quinze ans que je m'habille comme un épouvantail: tous ces vêtements noirs ont fini par déteindre sur mon âme.*

CLYTEMNESTRE. Mais, seigneur, moi-même...

ÉGISTHE. Je sais, femme, je sais: tu vas me parler de tes remords. Eh bien, je te les envie, ils te meublent la vie. Moi, je n'en ai pas, mais personne d'Argos n'est aussi triste que moi.

CLYTEMNESTRE. Mon cher seigneur...

Elle s'approche de lui.

ÉGISTHE. Laisse-moi, catin!* N'as-tu pas honte, sous ses yeux?

CLYTEMNESTRE. Sous ses yeux? Qui donc nous voit?*

ÉGISTHE. Eh bien? Le roi. On a lâché les morts, ce matin.

CLYTEMNESTRE. Seigneur, je vous en supplie... Les morts sont sous terre et ne nous gêneront pas de sitôt. Est-ce que vous avez oublié que vous-même vous inventâtes* ces fables pour le peuple?

ÉGISTHE. Tu as raison, femme. Eh bien, tu vois comme je suis las? Laisse-moi, je veux me recueillir.

Clytemnestre sort.

SCÈNE IV

ÉGISTHE—ORESTE et ÉLECTRE *(cachés)*.

ÉGISTHE. Est-ce là, Jupiter, le roi dont tu avais besoin pour Argos? Je vais, je viens, je sais crier d'une voix forte, je promène partout ma grande apparence terrible, et ceux qui m'aperçoivent se sentent coupables jusqu'aux moelles. Mais je suis une coque vide: une bête m'a mangé le dedans sans que je m'en aperçoive. A présent je regarde en moi-même, et je vois que je suis plus mort qu'Agamemnon. Ai-je dit que j'étais triste? J'ai menti. Il n'est ni triste ni gai, le désert, l'innombrable néant des sables sous le néant lucide du ciel: il est sinistre. Ah! je donnerais mon royaume pour verser une larme!

Entre Jupiter.

100

SCÈNE V

LES MÊMES—JUPITER.

JUPITER. Plains-toi : tu es un roi semblable à tous les rois.

ÉGISTHE. Qui es-tu ? Que viens-tu faire ici ?

JUPITER. Tu ne me reconnais pas ?

ÉGISTHE. Sors d'ici, ou je te fais rosser par mes gardes.

JUPITER. Tu ne me reconnais pas ? Tu m'as vu pourtant. C'était en songe. Il est vrai que j'avais l'air plus terrible. (*Tonnerre, éclairs, Jupiter prend l'air terrible.*) Et comme ça ?

ÉGISTHE. Jupiter !

JUPITER. Nous y voilà. (*Il redevient souriant, s'approche de la statue.*) C'est moi, ça ? C'est ainsi qu'ils me voient quand ils prient, les habitants d'Argos ? Parbleu, il est rare qu'un Dieu puisse contempler son image face à face. (*Un temps.*) Que je suis laid ! Ils ne doivent pas m'aimer beaucoup.

ÉGISTHE. Ils vous craignent.

JUPITER. Parfait ! Je n'ai que faire d'être aimé. Tu m'aimes, toi ?

ÉGISTHE. Que me voulez-vous ? N'ai-je pas assez payé ?

JUPITER. Jamais assez !

ÉGISTHE. Je crève à la tâche.

JUPITER. N'exagère pas ! Tu te portes assez bien et tu es gras. Je ne te le reproche pas, d'ailleurs. C'est de la bonne graisse royale, jaune comme le suif d'une chandelle, il en faut. Tu es taillé pour vivre encore vingt ans.

ÉGISTHE. Encore vingt ans !

JUPITER. Souhaites-tu mourir ?

ÉGISTHE. Oui.

JUPITER. Si quelqu'un entrait ici avec une épée nue, tendrais-tu ta poitrine à cette épée ?

ÉGISTHE. Je ne sais pas.

JUPITER. Écoute-moi bien ; si tu te laisses égorger comme un veau, tu seras puni de façon exemplaire ; tu resteras roi dans le Tartare* pour l'éternité. Voilà ce que je suis venu te dire.

ÉGISTHE. Quelqu'un cherche à me tuer ?

101

JUPITER. Il paraît.

ÉGISTHE. Électre?

JUPITER. Un autre aussi.

ÉGISTHE. Qui?

JUPITER. Oreste.

ÉGISTHE. Ah! (*Un temps.*) Eh bien, c'est dans l'ordre, qu'y puis-je?

JUPITER. « Qu'y puis-je? ». (*Changeant de ton.*) Ordonne sur l'heure qu'on se saisisse d'un jeune étranger qui se fait appeler Philèbe. Qu'on le jette avec Électre dans quelque basse-fosse—et je te permets de les y oublier. Eh bien! Qu'attends-tu? Appelle tes gardes.

ÉGISTHE. Non.

JUPITER. Me feras-tu la faveur de me dire les raisons de ton refus?

ÉGISTHE. Je suis las.

JUPITER. Pourquoi regardes-tu tes pieds? Tourne vers moi tes gros yeux striés de sang. Là, là! Tu es noble et bête comme un cheval. Mais ta résistance n'est pas de celles qui m'irritent: c'est le piment qui rendra, tout à l'heure, plus délicieuse encore ta soumission. Car je sais que tu finiras par céder.

ÉGISTHE. Je vous dis que je ne veux pas entrer dans vos desseins. J'en ai trop fait.

JUPITER. Courage! Résiste! Résiste! Ah! Que je suis friand d'âmes comme la tienne. Tes yeux lancent des éclairs, tu serres les poings et tu jettes ton refus à la face de Jupiter. Mais cependant, petite tête, petit cheval, mauvais petit cheval, il y a beau temps que ton cœur m'a dit oui. Allons, tu obéiras. Crois-tu que je quitte l'Olympe sans motif? J'ai voulu t'avertir de ce crime, parce qu'il me plaît de l'empêcher.

ÉGISTHE. M'avertir...! C'est bien étrange.

JUPITER. Quoi de plus naturel au contraire: je veux détourner ce danger de ta tête.

ÉGISTHE. Qui vous le demandait? Et Agamemnon, l'avez-vous averti, lui? Pourtant il voulait vivre.

JUPITER. O nature ingrate, ô malheureux caractère: tu m'es plus cher qu'Agamemnon, je te le prouve et tu te plains.

102

ÉGISTHE. Plus cher qu'Agamemnon? Moi? C'est Oreste qui vous est cher. Vous avez toléré que je me perde, vous m'avez laissé courir tout droit vers la baignoire du roi, la hache à la main —et sans doute vous léchiez-vous les lèvres, là-haut, en pensant que l'âme du pécheur est délectable. Mais aujourd'hui vous protégez Oreste contre lui-même—et moi, que vous avez poussé à tuer le père, vous m'avez choisi pour retenir le bras du fils. J'étais tout juste bon à faire un assassin. Mais, lui, pardon, on a d'autres vues sur lui, sans doute.

JUPITER. Quelle étrange jalousie! Rassure-toi: je ne l'aime pas plus que toi. Je n'aime personne.

ÉGISTHE. Alors, voyez ce que vous avez fait de moi, Dieu injuste. Et répondez: si vous empêchez aujourd'hui le crime que médite Oreste, pourquoi donc avoir permis le mien?

JUPITER. Tous les crimes ne me déplaisent pas également. Égisthe, nous sommes entre rois, et je te parlerai franchement: le premier crime, c'est moi qui l'ai commis en créant les hommes mortels. Après cela, que pouviez-vous faire, vous autres, les assassins? Donner la mort à vos victimes? Allons donc; elles la portaient déjà en elles; tout au plus hâtiez-vous un peu son épanouissement. Sais-tu ce qui serait advenu d'Agamemnon, si tu ne l'avais pas occis? Trois mois plus tard il mourait d'apoplexie sur le sein d'une belle esclave. Mais ton crime me servait.

ÉGISTHE. Il vous servait? Je l'expie depuis quinze ans et il vous servait? Malheur!

JUPITER. Eh bien quoi? C'est parce que tu l'expies qu'il me sert; j'aime les crimes qui paient. J'ai aimé le tien parce que c'était un meurtre aveugle et sourd, ignorant de lui-même, antique, plus semblable à un cataclysme qu'à une entreprise humaine. Pas un instant tu ne m'as bravé: tu as frappé dans les transports de la rage et de la peur; et puis, la fièvre tombée, tu as considéré ton acte avec horreur et tu n'as pas voulu le reconnaître. Quel profit j'en ai tiré cependant! Pour un homme mort, vingt mille autres plongés dans la repentance, voilà le bilan. Je n'ai pas fait un mauvais marché.

ÉGISTHE. Je vois ce que cachent tous ces discours: Oreste n'aura pas de remords.

JUPITER. Pas l'ombre d'un. A cette heure il tire ses plans avec méthode, la tête froide, modestement. Qu'ai-je à faire d'un meurtre sans remords, d'un meurtre insolent, d'un meurtre paisible, léger comme une vapeur dans l'âme du meurtrier? J'empêcherai cela! Ah! je hais les crimes de la génération nouvelle: ils sont ingrats et stériles comme l'ivraie. Il te tuera comme un poulet, le doux jeune homme, et s'en ira, les mains rouges et la conscience pure: j'en serais humilié, à ta place. Allons! Appelle tes gardes.

ÉGISTHE. Je vous ai dit que non. Le crime qui se prépare vous déplaît trop pour ne pas me plaire.

JUPITER, *changeant de ton*. Égisthe, tu es roi, et c'est à ta conscience de roi que je m'adresse; car tu aimes régner.

ÉGISTHE. Eh bien?

JUPITER. Tu me hais, mais nous sommes parents; je t'ai fait à mon image: un roi, c'est un Dieu sur la terre, noble et sinistre comme un Dieu.

ÉGISTHE. Sinistre? Vous?

JUPITER. Regarde-moi. (*Un long silence.*) Je t'ai dit que tu es fait à mon image. Nous faisons tous les deux régner l'ordre, toi dans Argos, moi dans le monde; et le même secret pèse lourdement dans nos cœurs.

ÉGISTHE. Je n'ai pas de secret.

JUPITER. Si. Le même que moi. Le secret douloureux des Dieux et des rois: c'est que les hommes sont libres. Ils sont libres, Égisthe. Tu le sais, et ils ne le savent pas.

ÉGISTHE. Parbleu, s'ils le savaient, ils mettraient le feu aux quatre coins de mon palais. Voilà quinze ans que je joue la comédie pour leur masquer leur pouvoir.

JUPITER. Tu vois bien que nous sommes pareils.

ÉGISTHE. Pareils? Par quelle ironie un Dieu se dirait-il mon pareil? Depuis que je règne, tous mes actes et toutes mes paroles visent à composer mon image; je veux que chacun de mes sujets la porte en lui et qu'il sente, jusque dans la solitude, mon regard sévère peser sur ses pensées les plus secrètes. Mais c'est moi qui

suis ma première victime: je ne me vois plus que comme ils me voient, je me penche sur le puits béant de leurs âmes, et mon

104

image est là, tout au fond, elle me répugne et me fascine. Dieu tout-puissant, qui suis-je,* sinon la peur que les autres ont de moi?

JUPITER. Qui donc crois-tu que je sois? (*Désignant la statue.*) Moi aussi, j'ai mon image. Crois-tu qu'elle ne me donne pas le vertige? Depuis cent mille ans je danse devant les hommes. Une lente et sombre danse. Il faut qu'ils me regardent: tant qu'ils ont les yeux fixés sur moi, ils oublient de regarder en eux-mêmes. Si je m'oubliais un seul instant, si je laissais leur regard se détourner...

ÉGISTHE. Eh bien?

JUPITER. Laisse. Ceci ne concerne que moi. Tu es las, Égisthe, mais de quoi te plains-tu? Tu mourras. Moi, non. Tant qu'il y aura des hommes sur cette terre, je serai condamné à danser devant eux.

ÉGISTHE. Hélas! Mais qui nous a condamnés?

JUPITER. Personne que nous-mêmes; car nous avons la même passion. Tu aimes l'ordre, Égisthe.

ÉGISTHE. L'ordre. C'est vrai. C'est pour l'ordre que j'ai séduit Clytemnestre, pour l'ordre que j'ai tué mon roi; je voulais que l'ordre règne et qu'il règne par moi. J'ai vécu sans désir, sans amour, sans espoir: j'ai fait de l'ordre. O terrible et divine passion!

JUPITER. Nous ne pourrions en avoir d'autre: je suis Dieu, et tu es né pour être roi.

ÉGISTHE. Hélas!

JUPITER. Égisthe, ma créature et mon frère mortel, au nom de cet ordre que nous servons tous deux, je te le commande: empare-toi d'Oreste et de sa sœur.

ÉGISTHE. Sont-ils si dangereux?

JUPITER. Oreste sait qu'il est libre.

ÉGISTHE, *vivement*. Il sait qu'il est libre. Alors ce n'est pas assez que de le jeter dans les fers. Un homme libre dans une ville, c'est comme une brebis galeuse dans un troupeau. Il va contaminer tout mon royaume et ruiner mon œuvre. Dieu tout-puissant, qu'attends-tu pour le foudroyer?

JUPITER, *lentement*. Pour le foudroyer? (*Un temps. Las et voûté.*) Égisthe, les Dieux ont un autre secret...

ÉGISTHE. Que vas-tu me dire?

JUPITER. Quand une fois la liberté a explosé dans une âme

105

d'homme, les Dieux ne peuvent plus rien contre cet homme-là. Car c'est une affaire d'hommes, et c'est aux autres hommes—à eux seuls—qu'il appartient de le laisser courir ou de l'étrangler.

ÉGISTHE, *le regardant.* De l'étrangler?... C'est bien. Je t'obéirai sans doute. Mais n'ajoute rien et ne demeure pas ici plus longtemps, car je ne pourrai le supporter.

Jupiter sort.

SCÈNE VI

ÉGISTHE *reste seul un moment,*
puis ÉLECTRE *et* ORESTE.

ÉLECTRE, *bondissant vers la porte.* Frappe-le! Ne lui laisse pas le temps de crier; je barricade la porte.

ÉGISTHE. C'est donc toi, Oreste?

ORESTE. Défends-toi!

ÉGISTHE. Je ne me défendrai pas. Il est trop tard pour que j'appelle et je suis heureux qu'il soit trop tard. Mais je ne me défendrai pas: je veux que tu m'assassines.

ORESTE. C'est bon. Le moyen m'importe peu. Je serai donc assassin.

Il le frappe de son épée.

ÉGISTHE, *chancelant.* Tu n'as pas manqué ton coup. (*Il se raccroche à Oreste.*) Laisse-moi te regarder. Est-ce vrai que tu n'as pas de remords?

ORESTE. Des remords? Pourquoi? Je fais ce qui est juste.

ÉGISTHE. Ce qui est juste, c'est ce que veut Jupiter. Tu étais caché ici et tu l'as entendu.

ORESTE. Que m'importe Jupiter? La justice est une affaire d'hommes,* et je n'ai pas besoin d'un Dieu pour me l'enseigner. Il est juste de t'écraser, immonde coquin, et de ruiner ton empire sur les gens d'Argos, il est juste de leur rendre le sentiment de leur dignité.

Il le repousse.

ÉGISTHE. J'ai mal.

106

ÉLECTRE. Il chancelle et son visage est blafard. Horreur!* comme c'est laid, un homme qui meurt.

ORESTE. Tais-toi. Qu'il n'emporte pas d'autre souvenir dans la tombe que celui de notre joie.

ÉGISTHE. Soyez maudits tous deux.

ORESTE. Tu n'en finiras donc pas, de mourir?

Il le frappe. Égisthe tombe.

ÉGISTHE. Prends garde aux mouches, Oreste, prends garde aux mouches. Tout n'est pas fini.

Il meurt.

ORESTE, *le poussant du pied.* Pour lui, tout est fini en tout cas. Guide-moi jusqu'à la chambre de la reine.

ÉLECTRE. Oreste...

ORESTE. Eh bien?...

ÉLECTRE. Elle ne peut plus nous nuire...

ORESTE. Et alors?... Je ne te reconnais pas. Tu ne parlais pas ainsi, tout à l'heure.

ÉLECTRE. Oreste... je ne te reconnais pas non plus.

ORESTE. C'est bon; j'irai seul.

Il sort.

SCÈNE VII

ÉLECTRE *seule.*

ÉLECTRE. Est-ce qu'elle va crier? (*Un temps. Elle prête l'oreille.*) Il marche dans le couloir. Quand il aura ouvert la quatrième porte... Ah! je l'ai voulu! Je le veux, il *faut* que je le veuille encore. (*Elle regarde Égisthe.*) Celui-ci est mort. C'est donc *ça* que je voulais. Je ne m'en rendais pas compte. (*Elle s'approche de lui.*) Cent fois je l'ai vu en songe, étendu à cette même place, une épée dans le cœur. Ses yeux étaient clos, il avait l'air de dormir. Comme je le haïssais, comme j'étais joyeuse de le haïr. Il n'a pas l'air de dormir, et ses yeux sont ouverts, il me regarde. Il est mort—et ma haine est morte avec lui. Et je suis là; et j'attends, et l'autre est vivante encore, au fond de sa chambre, et tout à l'heure elle va crier. Elle va crier comme une bête. Ah! je ne

107

peux plus supporter ce regard. (*Elle s'agenouille et jette un manteau sur le visage d'Égisthe.*) Qu'est-ce que je voulais donc? (*Silence. Puis cris de Clytemnestre.*) Il l'a frappée. C'était notre mère, et il l'a frappée. (*Elle se relève.*) Voici: mes ennemis sont morts. Pendant des années, j'ai joui de cette mort par avance, et, à présent, mon cœur est serré dans un étau. Est-ce que je me suis menti pendant quinze ans? Ça n'est pas vrai! Ça n'est pas vrai! Ça ne peut pas être vrai: je ne suis pas lâche! Cette minute-ci, je l'ai voulue et je la veux encore. J'ai voulu voir ce porc immonde couché à mes pieds. (*Elle arrache le manteau.*) Que m'importe ton regard de poisson mort? Je l'ai voulu, ce regard, et j'en jouis. (*Cris plus faibles de Clytemnestre.*) Qu'elle crie! Qu'elle crie! Je veux ses cris d'horreur et je veux ses souffrances. (*Les cris cessent.*) Joie! Joie! Je pleure de joie: mes ennemis sont morts et mon père est vengé.

Oreste rentre, une épée sanglante à la main. Elle court à lui.

SCÈNE VIII

ÉLECTRE—ORESTE.

ÉLECTRE. Oreste!
Elle se jette dans ses bras.
ORESTE. De quoi as-tu peur?
ÉLECTRE. Je n'ai pas peur, je suis ivre. Ivre de joie. Qu'a-t-elle dit? A-t-elle longtemps imploré sa grâce?
ORESTE. Électre, je ne me repentirai pas de ce que j'ai fait, mais je ne juge pas bon d'en parler: il y a des souvenirs qu'on ne partage pas. Sache seulement qu'elle est morte.
ÉLECTRE. En nous maudissant? Dis-moi seulement cela: en nous maudissant?
ORESTE. Oui. En nous maudissant.
ÉLECTRE. Prends-moi dans tes bras, mon bien-aimé, et serre-moi de toutes tes forces. Comme la nuit est épaisse et comme les lumières de ces flambeaux ont de la peine à la percer! M'aimes-tu?

108

ORESTE. Il ne fait pas nuit: c'est le point du jour. Nous sommes libres, Électre. Il me semble que je t'ai fait naître et que je viens de naître avec toi; je t'aime et tu m'appartiens. Hier encore j'étais seul et aujourd'hui tu m'appartiens. Le sang nous unit doublement, car nous sommes de même sang et nous avons versé le sang.

ÉLECTRE. Jette ton épée. Donne-moi cette main. (*Elle lui prend la main et l'embrasse.*) Tes doigts sont courts et carrés. Ils sont faits pour prendre et pour tenir. Chère main! Elle est plus blanche que la mienne. Comme elle s'est faite lourde pour frapper les assassins de notre père! Attends. (*Elle va chercher un flambeau et elle l'approche d'Oreste.*) Il faut que j'éclaire ton visage, car la nuit s'épaissit et je ne te vois plus bien. J'ai besoin de te voir: quand je ne te vois plus, j'ai peur de toi; il ne faut pas que je te quitte des yeux. Je t'aime. Il faut que je pense que je t'aime. Comme tu as l'air étrange!

ORESTE. Je suis libre, Électre; la liberté a fondu sur moi comme la foudre.

ÉLECTRE. Libre? Moi, je ne me sens pas libre. Peux-tu faire que tout ceci n'ait pas été? Quelque chose est arrivé que nous ne sommes plus libres de défaire. Peux-tu empêcher que nous soyons pour toujours les assassins de notre mère?

ORESTE. Crois-tu que je voudrais l'empêcher? J'ai fait *mon* acte, Électre, et cet acte était bon. Je le porterai sur mes épaules comme un passeur d'eau porte les voyageurs, je le ferai passer sur l'autre rive et j'en rendrai compte. Et plus il sera lourd à porter, plus je me réjouirai, car ma liberté, c'est lui. Hier encore, je marchais au hasard sur la terre, et des milliers de chemins fuyaient sous mes pas, car ils appartenaient à d'autres. Je les ai tous empruntés, celui des haleurs, qui court au long de la rivière, et le sentier du muletier et la route pavée des conducteurs de chars; mais aucun n'était à moi. Aujourd'hui, il n'y en a plus qu'un, et Dieu sait où il mène: mais c'est *mon* chemin. Qu'as-tu?

ÉLECTRE. Je ne peux plus te voir! Ces lampes n'éclairent pas. J'entends ta voix, mais elle me fait mal, elle me coupe comme un couteau. Est-ce qu'il fera toujours aussi noir, désormais, même le jour? Oreste! Les voilà!

109

ORESTE. Qui?

ÉLECTRE. Les voilà! D'où viennent-elles? Elles pendent du plafond comme des grappes de raisins noirs, et ce sont elles qui noircissent les murs; elles se glissent entre les lumières et mes yeux, et ce sont leurs ombres qui me dérobent ton visage.

ORESTE. Les mouches...

ÉLECTRE. Écoute!... Écoute le bruit de leurs ailes, pareil au ronflement d'une forge. Elles nous entourent, Oreste. Elles nous guettent; tout à l'heure elles s'abattront sur nous, et je sentirai mille pattes gluantes sur mon corps. Où fuir, Oreste? Elles enflent, elles enflent, les voilà grosses comme des abeilles, elles nous suivront partout en épais tourbillons. Horreur! Je vois leurs yeux, leurs millions d'yeux qui nous regardent.

ORESTE. Que nous importent les mouches?

ÉLECTRE. Ce sont les Érinnyes,* Oreste, les déesses du remords.

DES VOIX, *derrière la porte.* Ouvrez! Ouvrez! S'ils n'ouvrent pas, il faut enfoncer la porte.

Coups sourds dans la porte.

ORESTE. Les cris de Clytemnestre ont attiré des gardes. Viens! Conduis-moi au sanctuaire d'Apollon; nous y passerons la nuit, à l'abri des hommes et des mouches. Demain je parlerai à mon peuple. *(belonging)*

(RIDEAU.)

Furies beginning to have effect
on Électre — remorse

110

ACTE III

SCÈNE I

Le temple d'Apollon.* Pénombre. Une statue d'Apollon au milieu de la scène. ÉLECTRE et ORESTE dorment au pied de la statue, entourant ses jambes de leurs bras. Les ÉRINNYES, en cercle, les entourent; elles dorment debout, comme des échassiers.* Au fond, une lourde porte de bronze.

PREMIÈRE ÉRINNYE, *s'étirant.* Haaah! J'ai dormi debout, toute droite de colère, et j'ai fait d'énormes rêves irrités. O belle fleur de rage, belle fleur rouge en mon cœur. (*Elle tourne autour d'Oreste et d'Électre.*) Ils dorment. Comme ils sont blancs, comme ils sont doux! Je leur roulerai sur le ventre et sur la poitrine comme un torrent sur des cailloux. Je polirai patiemment cette chair fine, je la frotterai, je la raclerai, je l'userai jusqu'à l'os. (*Elle fait quelques pas.*) O pur matin de haine! Quel splendide réveil: ils dorment, ils sont moites, ils sentent la fièvre; moi, je veille, fraîche et dure, mon âme est de cuivre—et je me sens sacrée.

ÉLECTRE, *endormie.* Hélas!

PREMIÈRE ÉRINNYE. Elle gémit. Patience, tu connaîtras bientôt nos morsures, nous te ferons hurler sous nos caresses. J'entrerai en toi comme le mâle en la femelle, car tu es mon épouse, et tu sentiras le poids de mon amour. Tu es belle, Électre, plus belle que moi; mais, tu verras, mes baisers font vieillir; avant six mois, je t'aurai cassée comme une vieillarde, et moi, je resterai jeune. (*Elle se penche sur eux.*) Ce sont de belles proies périssables et bonnes à manger; je les regarde, je respire leur haleine et la colère m'étouffe. O délices de se sentir un petit matin de haine, délices de se sentir griffes et mâchoires, avec du feu dans les veines.

111

La haine m'inonde et me suffoque, elle monte dans mes seins comme du lait. Réveillez-vous, mes sœurs, réveillez-vous: voici le matin.

DEUXIÈME ÉRINNYE. Je rêvais que je mordais.

PREMIÈRE ÉRINNYE. Prends patience: un Dieu les protège aujourd'hui, mais bientôt la soif et la faim les chasseront de cet asile. Alors, tu les mordras de toutes tes dents.

TROISIÈME ÉRINNYE. Haaah! Je veux griffer.

PREMIÈRE ÉRINNYE. Attends un peu: bientôt tes ongles de fer traceront mille sentiers rouges dans la chair des coupables. Approchez, mes sœurs, venez les voir.

UNE ÉRINNYE. Comme ils sont jeunes!

UNE AUTRE ÉRINNYE. Comme ils sont beaux!

PREMIÈRE ÉRINNYE. Réjouissez-vous: trop souvent les criminels sont vieux et laids; elle n'est que trop rare, la joie exquise de détruire ce qui est beau.

LES ÉRINNYES. Héiah! Héiahah!

TROISIÈME ÉRINNYE. Oreste est presque un enfant. Ma haine aura pour lui des douceurs maternelles. Je prendrai sur mes genoux sa tête pâle, je caresserai ses cheveux.

PREMIÈRE ÉRINNYE. Et puis?

TROISIÈME ÉRINNYE. Et puis je plongerai tout d'un coup les deux doigts que voilà dans ses yeux.

Elles se mettent toutes à rire.

PREMIÈRE ÉRINNYE. Ils soupirent, ils s'agitent; leur réveil est proche. Allons, mes sœurs, mes sœurs les mouches, tirons les coupables du sommeil par notre chant.

CHŒUR DES ÉRINNYES. Bzz, bzz, bzz, bzz.

Nous nous poserons sur ton cœur pourri comme des mouches sur une tartine,

Cœur pourri, cœur saigneux, cœur délectable.

Nous butinerons comme des abeilles le pus et la sanie de ton cœur.

Nous en ferons du miel, tu verras, du beau miel vert.

Quel amour nous comblerait autant que la haine?

Bzz, bzz, bzz, bzz.

Nous serons les yeux fixes des maisons.

112

Le grondement du molosse qui découvrira les dents sur ton
passage,
Le bourdonnement qui volera dans le ciel au-dessus de ta tête,
Les bruits de la forêt,
Les sifflements, les craquements, les chuintements, les hulule-
ments,
Nous serons la nuit,
L'épaisse nuit de ton âme.
Bzz, bzz, bzz, bzz,
Héiah! héiah! héiahah!
Bzz, bzz, bzz, bzz,
Nous sommes les suceuses de pus, les mouches,
Nous partagerons tout avec toi,
Nous irons chercher la nourriture dans ta bouche et le rayon de
lumière au fond de tes yeux,
Nous t'escorterons jusqu'à la tombe
Et nous ne céderons la place qu'aux vers.
Bzz, bzz, bzz, bzz.

Elles dansent.

ÉLECTRE, *qui s'éveille.*—Qui parle? Qui êtes-vous?

LES ÉRINNYES. Bzz, bzz, bzz.

ÉLECTRE. Ah! Vous voilà. Alors? Nous les avons tués pour
de bon?

ORESTE, *s'éveillant.* Électre!

ÉLECTRE. Qui es-tu, toi? Ah! Tu es Oreste. Va-t'en.

ORESTE. Qu'as-tu donc?

ÉLECTRE. Tu me fais peur. J'ai rêvé que notre mère était
tombée à la renverse et qu'elle saignait, et son sang coulait en
rigoles sous toutes les portes du palais. Touche mes mains, elles
sont froides. Non, laisse-moi. Ne me touche pas. Est-ce qu'elle
a beaucoup saigné?

ORESTE. Tais-toi.

ÉLECTRE, *s'éveillant tout à fait.* Laisse-moi te regarder: tu les as
tués. C'est toi qui les as tués. Tu es là, tu viens de t'éveiller, il
n'y a rien d'écrit sur ton visage, et pourtant tu les as tués.

ORESTE. Eh bien? Oui, je les ai tués! (*Un temps.*) Toi aussi, tu me fais peur. Tu étais si belle, hier. On dirait qu'une bête t'a ravagé la face avec ses griffes.

ÉLECTRE. Une bête? Ton crime. Il m'arrache les joues et les paupières: il me semble que mes yeux et mes dents sont nus. Et celles-ci? Qui sont-elles?

ORESTE. Ne pense pas à elles. Elles ne peuvent rien contre toi.

PREMIÈRE ÉRINNYE. Qu'elle vienne au milieu de nous, si elle l'ose, et tu verras si nous ne pouvons rien contre elle.

ORESTE. Paix, chiennes. A la niche! (*Les Érinnyes grondent.*) Celle qui hier, en robe blanche, dansait sur les marches du temple, est-il possible que ce fût toi?

ÉLECTRE. J'ai vieilli. En une nuit.

ORESTE. Tu es encore belle, mais... où donc ai-je vu ces yeux morts? Électre... tu lui ressembles; tu ressembles à Clytemnestre. Était-ce la peine de la tuer? Quand je vois mon crime dans ces yeux-là, il me fait horreur.

PREMIÈRE ÉRINNYE. C'est qu'elle a horreur de toi.

ORESTE. Est-ce vrai? Est-ce vrai que je te fais horreur?

ÉLECTRE. Laisse-moi.

PREMIÈRE ÉRINNYE. Eh bien? Te reste-t-il le moindre doute? Comment ne te haïrait-elle pas? Elle vivait tranquille avec ses rêves, tu es venu, apportant le carnage et le sacrilège. Et la voilà, partageant ta faute, rivée sur ce piédestal, le seul morceau de terre qui lui reste.

ORESTE. Ne l'écoute pas.

PREMIÈRE ÉRINNYE. Arrière! Arrière! Chasse-le, Électre, ne te laisse pas toucher par sa main. C'est un boucher! Il a sur lui la fade odeur du sang frais. Il a tué la vieille très malproprement, tu sais, en s'y reprenant à plusieurs fois.

ÉLECTRE. Tu ne mens pas?

PREMIÈRE ÉRINNYE. Tu peux me croire, j'étais là, je bourdonnais autour d'eux.

ÉLECTRE. Et il a frappé plusieurs coups?

PREMIÈRE ÉRINNYE. Une bonne dizaine. Et, chaque fois, l'épée faisait « cric » dans la blessure. Elle se protégeait le visage et le ventre avec les mains, et il lui a taillé les mains.

114

ÉLECTRE. Elle a beaucoup souffert? Elle n'est pas morte sur l'heure?

ORESTE. Ne les regarde plus, bouche-toi les oreilles, ne les interroge pas surtout; tu es perdue si tu les interroges.

PREMIÈRE ÉRINNYE. Elle a souffert horriblement.

ÉLECTRE, *se cachant la figure de ses mains.* Ha!

ORESTE. Elle veut nous séparer, elle dresse autour de toi les murs de la solitude. Prends garde: quand tu seras bien seule, toute seule et sans recours, elles fondront sur toi. Électre, nous avons décidé ce meurtre ensemble, et nous devons en supporter les suites ensemble.*

ÉLECTRE. Tu prétends que je l'ai voulu?

ORESTE. N'est-ce pas vrai?

ÉLECTRE. Non, ce n'est pas vrai... Attends... Si! Ah! Je ne sais plus. J'ai rêvé ce crime. Mais toi, tu l'as commis, bourreau de ta propre mère.

LES ÉRINNYES, *riant et criant.* Bourreau! Bourreau! Boucher!

ORESTE. Électre, derrière cette porte, il y a le monde. Le monde et le matin. Dehors, le soleil se lève sur les routes. Nous sortirons bientôt, nous irons sur les routes ensoleillées, et ces filles de la nuit perdront leur puissance: les rayons du jour les transperceront comme des épées.

ÉLECTRE. Le soleil...

PREMIÈRE ÉRINNYE. Tu ne reverras jamais le soleil, Électre. Nous nous masserons entre lui et toi comme une nuée de sauterelles et tu emporteras partout la nuit sur ta tête.

ÉLECTRE. Laissez-moi! Cessez de me torturer!

ORESTE. C'est ta faiblesse qui fait leur force. Vois: elles n'osent rien me dire. Écoute: une horreur sans nom s'est posée sur toi et nous sépare. Pourtant, qu'as-tu donc vécu que je n'aie vécu? Les gémissements de ma mère, crois-tu que mes oreilles cesseront jamais de les entendre? Et ses yeux immenses—deux océans démontés— dans son visage de craie, crois-tu que mes yeux cesseront jamais de les voir? Et l'angoisse qui te dévore, crois-tu qu'elle cessera jamais de me ronger? Mais que m'importe: je suis libre. Par-delà l'angoisse et les souvenirs. Libre.

115

Et d'accord avec moi. Il ne faut pas te haïr toi-même, Électre. Donne-moi la main: je ne t'abandonnerai pas.

ÉLECTRE. Lâche ma main! Ces chiennes noires autour de moi m'effraient, mais moins que toi.

PREMIÈRE ÉRINNYE. Tu vois! Tu vois! N'est-ce pas, petite poupée, nous te faisons moins peur que lui? Tu as besoin de nous, Électre, tu es notre enfant. Tu as besoin de nos ongles pour fouiller ta chair, tu as besoin de nos dents pour mordre ta poitrine, tu as besoin de notre amour cannibale pour te détourner de la haine que tu te portes, tu as besoin de souffrir dans ton corps pour oublier les souffrances de ton âme. Viens! Viens! Tu n'as que deux marches à descendre, nous te recevrons dans nos bras, nos baisers déchireront ta chair fragile, et ce sera l'oubli, l'oubli au grand feu pur de la douleur.

LES ÉRINNYES. Viens! Viens!

Elles dansent très lentement comme pour la fasciner. Électre se lève.

ORESTE, *la saisissant par le bras.* N'y va pas, je t'en supplie, ce serait ta perte.

ÉLECTRE, *se dégageant avec violence.* Ha! Je te hais.

Elle descend les marches, les Érinnyes se jettent toutes sur elle.

ÉLECTRE. Au secours!

Entre Jupiter.

SCÈNE II

LES MÊMES—JUPITER.

JUPITER. A la niche!

PREMIÈRE ÉRINNYE. Le maître!

Les Érinnyes s'écartent à regret, laissant Électre étendue par terre.

JUPITER. Pauvres enfants. (*Il s'avance vers Électre.*) Voilà donc où vous en êtes? La colère et la pitié se disputent mon cœur. Relève-toi, Électre: tant que je serai là, mes chiennes ne te feront pas de mal. (*Il l'aide à se relever.*) Quel terrible visage! Une seule nuit! Une seule nuit! Où est ta fraîcheur paysanne? En une

116

seule nuit ton foie, tes poumons et ta rate se sont usés, ton corps n'est plus qu'une grosse misère. Ah! présomptueuse et folle jeunesse, que de mal vous vous êtes fait!

ORESTE. Quitte ce ton, bonhomme: il sied mal au roi des Dieux.

JUPITER. Et toi, quitte ce ton fier: il ne convient guère à un coupable en train d'expier son crime.

ORESTE. Je ne suis pas un coupable, et tu ne saurais me faire expier ce que je ne reconnais pas pour un crime.

JUPITER. Tu te trompes peut-être, mais patience: je ne te laisserai pas longtemps dans l'erreur.

ORESTE. Tourmente-moi tant que tu voudras: je ne regrette rien.

JUPITER. Pas même l'abjection où ta sœur est plongée par ta faute?

ORESTE. Pas même.

JUPITER. Électre, l'entends-tu? Voilà celui qui prétendait t'aimer.

ORESTE. Je l'aime plus que moi-même. Mais ses souffrances viennent d'elle, c'est elle seule qui peut s'en délivrer: elle est libre.

JUPITER. Et toi? Tu es libre aussi, peut-être?

ORESTE. Tu le sais bien.

JUPITER. Regarde-toi, créature impudente et stupide: tu as grand air, en vérité, tout recroquevillé entre les jambes d'un Dieu secourable, avec ces chiennes affamées qui t'assiègent. Si tu oses prétendre que tu es libre, alors il faudra vanter la liberté du prisonnier* chargé de chaînes, au fond d'un cachot, et de l'esclave crucifié.

ORESTE. Pourquoi pas?

JUPITER. Prends garde: tu fais le fanfaron parce qu'Apollon te protège. Mais Apollon est mon très obéissant serviteur. Si je lève un doigt, il t'abandonne.

ORESTE. Eh bien? Lève le doigt, lève la main entière.

JUPITER. A quoi bon? Ne t'ai-je pas dit que je répugnais à punir? Je suis venu pour vous sauver.

ÉLECTRE. Nous sauver? Cesse de te moquer, maître de la

117

vengeance et de la mort, car il n'est pas permis—fût-ce à un Dieu—de donner à ceux qui souffrent un espoir trompeur.

JUPITER. Dans un quart d'heure, tu peux être hors d'ici.

ÉLECTRE. Saine et sauve?

JUPITER. Tu as ma parole.

ÉLECTRE. Qu'exigeras-tu de moi en retour?

JUPITER. Je ne te demande rien, mon enfant.

ÉLECTRE. Rien? T'ai-je bien entendu, Dieu bon, Dieu adorable?

JUPITER. Ou presque rien. Ce que tu peux me donner le plus aisément: un peu de repentir.

ORESTE. Prends garde, Électre: ce rien pèsera sur ton âme comme une montagne.

JUPITER, à Électre. Ne l'écoute pas. Réponds-moi plutôt: comment n'accepterais-tu pas de désavouer ce crime; c'est un autre qui l'a commis. A peine peut-on dire que tu fus sa complice.

ORESTE. Électre! Vas-tu renier quinze ans de haine et d'espoir?

JUPITER. Qui parle de renier? Elle n'a jamais voulu cet acte sacrilège.

ÉLECTRE. Hélas!

JUPITER. Allons! Tu peux me faire confiance. Est-ce que je ne lis pas dans les cœurs?

ÉLECTRE, incrédule. Et tu lis dans le mien que je n'ai pas voulu ce crime? Quand j'ai rêvé quinze ans de meurtre et de vengeance?

JUPITER. Bah! Ces rêves sanglants qui te berçaient, ils avaient une espèce d'innocence: ils te masquaient ton esclavage, ils pansaient les blessures de ton orgueil. Mais tu n'as jamais songé à les réaliser. Est-ce que je me trompe?

ÉLECTRE. Ah! mon Dieu, mon Dieu chéri, comme je souhaite que tu ne te trompes pas!

JUPITER. Tu es une toute petite fille, Électre. Les autres petites filles souhaitent de devenir les plus riches ou les plus belles de toutes les femmes. Et toi, fascinée par l'atroce destin de ta race, tu as souhaité de devenir la plus douloureuse et la plus criminelle. Tu n'as jamais voulu le mal: tu n'as voulu que ton propre malheur. A ton âge, les enfants jouent encore à la poupée ou à la

118

marelle; et toi, pauvre petite, sans jouets ni compagnes, tu as joué au meurtre, parce que c'est un jeu qu'on peut jouer toute seule.

ÉLECTRE. Hélas! Hélas! Je t'écoute et je vois clair en moi.

ORESTE. Électre! Électre! C'est à présent que tu es coupable. Ce que tu as voulu, qui peut le savoir, si ce n'est toi? Laisseras-tu un autre en décider? Pourquoi déformer un passé qui ne peut plus se défendre? Pourquoi renier cette Électre irritée que tu fus, cette jeune déesse de la haine que j'ai tant aimée? Et ne vois-tu pas que ce Dieu cruel se joue de toi?

JUPITER. Me jouer de vous? Écoutez plutôt ce que je vous propose: si vous répudiez votre crime, je vous installe tous deux sur le trône d'Argos.

ORESTE. A la place de nos victimes?

JUPITER. Il le faut bien.

ORESTE. Et j'endosserai les vêtements tièdes encore du défunt roi?

JUPITER. Ceux-là ou d'autres, peu importe.

ORESTE. Oui; pourvu qu'ils soient noirs, n'est-ce pas?

JUPITER. N'es-tu pas en deuil?

ORESTE. En deuil de ma mère, je l'oubliais. Et mes sujets, faudra-t-il aussi que je les habille de noir?

JUPITER. Ils le sont déjà.

ORESTE. C'est vrai. Laissons-leur le temps d'user leurs vieux vêtements. Eh bien? As-tu compris, Électre? Si tu verses quelques larmes, on t'offre les jupons et les chemises de Clytemnestre —ces chemises puantes et souillées que tu as lavées quinze ans de tes propres mains. Son rôle aussi t'attend, tu n'auras qu'à le reprendre; l'illusion sera parfaite, tout le monde croira revoir ta mère, car tu t'es mise à lui ressembler. Moi, je suis plus dégoûté: je n'enfilerai pas les culottes du bouffon que j'ai tué.

JUPITER. Tu lèves bien haut la tête: tu as frappé un homme qui ne se défendait pas et une vieille qui demandait grâce; mais celui qui t'entendrait parler sans te connaître pourrait croire que tu as sauvé ta ville natale, en combattant seul contre trente.

ORESTE. Peut-être, en effet, ai-je sauvé ma ville natale.

JUPITER. Toi? Sais-tu ce qu'il y a derrière cette porte? Les

119

hommes d'Argos—tous les hommes d'Argos. Ils attendent leur sauveur* avec des pierres, des fourches et des triques pour lui prouver leur reconnaissance. Tu es seul comme un lépreux.

ORESTE. Oui.

JUPITER. Va, n'en tire pas orgueil. C'est dans la solitude du mépris et de l'horreur qu'ils t'ont rejeté, ô le plus lâche des assassins.

ORESTE. Le plus lâche des assassins, c'est celui qui a des remords.

JUPITER. Oreste! Je t'ai créé et j'ai créé toute chose: regarde. (*Les murs du temple s'ouvrent. Le ciel apparaît, constellé d'étoiles qui tournent. Jupiter est au fond de la scène. Sa voix est devenue énorme* —microphone—mais on le distingue à peine.*) Vois ces planètes qui roulent en ordre, sans jamais se heurter: c'est moi qui en ai réglé le cours, selon la justice. Entends l'harmonie des sphères, cet énorme chant de grâces minéral qui se répercute aux quatre coins du ciel. (*Mélodrame.*) Par moi les espèces se perpétuent, j'ai ordonné qu'un homme engendre toujours un homme et que le petit du chien soit un chien, par moi la douce langue des marées vient lécher le sable et se retire à heure fixe, je fais croître les plantes, et mon souffle guide autour de la terre les nuages jaunes de pollen. Tu n'es pas chez toi, intrus; tu es dans le monde comme l'écharde dans la chair,* comme le braconnier dans la forêt seigneuriale: car le monde est bon; je l'ai créé selon ma volonté et je suis le Bien. Mais toi, tu as fait le mal, et les choses t'accusent de leurs voix pétrifiées: le Bien est partout, c'est la moelle du sureau,* la fraîcheur de la source, le grain du silex, la pesanteur de la pierre; tu le retrouveras jusque dans la nature du feu et de la lumière, ton corps même te trahit, car il se conforme à mes prescriptions. Le Bien est en toi, hors de toi: il te pénètre comme une faux, il t'écrase comme une montagne, il te porte et te roule comme une mer; c'est lui qui permit le succès de ta mauvaise entreprise, car il fut la clarté des chandelles, la dureté de ton épée, la force de ton bras. Et ce Mal dont tu es si fier, dont tu te nommes l'auteur, qu'est-il sinon un reflet de l'être, un faux-fuyant, une image trompeuse dont l'existence même est soutenue par le Bien. Rentre en toi-même, Oreste: l'univers te donne

120

tort, et tu es un ciron* dans l'univers. Rentre dans la nature, fils dénaturé: connais ta faute, abhorre-la, arrache-la de toi comme une dent cariée et puante. Ou redoute que la mer ne se retire devant toi, que les sources ne se tarissent sur ton chemin, que les pierres et les rochers ne roulent hors de ta route et que la terre ne s'effrite sous tes pas.

ORESTE. Qu'elle s'effrite! Que les rochers me condamnent et que les plantes se fanent sur mon passage: tout ton univers ne suffira pas à me donner tort. Tu es le roi des Dieux, Jupiter, le roi des pierres et des étoiles, le roi des vagues de la mer. Mais tu n'es pas le roi des hommes.

Les murailles se rapprochent, Jupiter réapparaît, las et voûté; il a repris sa voix naturelle.

JUPITER. Je ne suis pas ton roi, larve impudente. Qui donc t'a créé?

ORESTE. Toi. Mais il ne fallait pas me créer libre.

JUPITER. Je t'ai donné ta liberté pour me servir.

ORESTE. Il se peut, mais elle s'est retournée contre toi et nous n'y pouvons rien, ni l'un, ni l'autre.

JUPITER. Enfin! Voilà l'excuse.

ORESTE. Je ne m'excuse pas.

JUPITER. Vraiment? Sais-tu qu'elle ressemble beaucoup à une excuse, cette liberté dont tu te dis l'esclave?

ORESTE. Je ne suis ni le maître, ni l'esclave, Jupiter. Je *suis* ma liberté! A peine m'as-tu créé que j'ai cessé de t'appartenir.

ÉLECTRE. Par notre père, Oreste, je t'en conjure, ne joins pas la blasphème au crime.

JUPITER. Écoute-la. Et perds l'espoir de la ramener par tes raisons: ce langage semble assez neuf pour ses oreilles—et assez choquant.

ORESTE. Pour les miennes aussi, Jupiter. Et pour ma gorge qui souffle les mots et pour ma langue qui les façonne au passage: j'ai de la peine à me comprendre. Hier encore tu étais un voile sur mes yeux, un bouchon de cire dans mes oreilles; c'était hier que j'avais une excuse: tu étais mon excuse d'exister, car tu m'avais mis au monde pour servir tes desseins, et le monde était une

121

vieille entremetteuse qui me parlait de toi, sans cesse. Et puis tu m'as abandonné.

JUPITER. T'abandonner, moi?

ORESTE. Hier, j'étais près d'Électre; toute ta nature se pressait autour de moi; elle chantait ton Bien, la sirène, et me prodiguait les conseils. Pour m'inciter à la douceur, le jour brûlant s'adoucissait comme un regard se voile; pour me prêcher l'oubli des offenses, le ciel s'était fait suave comme un pardon. Ma jeunesse, obéissant à tes ordres, s'était levée, elle se tenait devant mon regard, suppliante comme une fiancée qu'on va délaisser: je voyais ma jeunesse pour la dernière fois. Mais, tout à coup, la liberté a fondu sur moi* et m'a transi, la nature a sauté en arrière, et je n'ai plus eu d'âge, et je me suis senti tout seul, au milieu de ton petit monde bénin, comme quelqu'un qui a perdu son ombre; et il n'y a plus rien eu au ciel, ni Bien, ni Mal, ni personne pour me donner des ordres.

JUPITER. Eh bien? Dois-je admirer la brebis que la gale retranche du troupeau, ou le lépreux enfermé dans son lazaret? Rappelle-toi, Oreste: tu as fait partie de mon troupeau, tu paissais l'herbe de mes champs au milieu de mes brebis. Ta liberté n'est qu'une gale qui te démange, elle n'est qu'un exil.

ORESTE. Tu dis vrai: un exil.

JUPITER. Le mal n'est pas si profond: il date d'hier. Reviens parmi nous. Reviens: vois comme tu es seul, ta sœur même t'abandonne. Tu es pâle, et l'angoisse dilate tes yeux. Espères-tu vivre? Te voilà rongé par un mal inhumain, étranger à ma nature, étranger à toi-même. Reviens: je suis l'oubli, je suis le repos.

ORESTE. Étranger à moi-même, je sais. Hors nature, contre nature, sans excuse, sans autre recours qu'en moi. Mais je ne reviendrai pas sous ta loi: je suis condamné à n'avoir d'autre loi que la mienne. Je ne reviendrai pas à ta nature: mille chemins y sont tracés qui conduisent vers toi, mais je ne peux suivre que mon chemin. Car je suis un homme, Jupiter, et chaque homme doit inventer son chemin. La nature a horreur de l'homme, et toi, toi, souverain des Dieux, toi aussi tu as les hommes en horreur.

JUPITER. Tu ne mens pas: quand ils te ressemblent, je les hais.

122

ORESTE. Prends garde: tu viens de faire l'aveu de ta faiblesse. Moi, je ne te hais pas. Qu'y a-t-il de toi à moi? Nous glisserons l'un contre l'autre sans nous toucher, comme deux navires. Tu es un Dieu et je suis libre: nous sommes pareillement seuls et notre angoisse est pareille. Qui te dit que je n'ai pas cherché le remords, au cours de cette longue nuit? Le remords. Le sommeil. Mais je ne peux plus avoir de remords. Ni dormir.

Un silence.

JUPITER. Que comptes-tu faire?

ORESTE. Les hommes d'Argos sont mes hommes. Il faut que je leur ouvre les yeux.

JUPITER. Pauvres gens! Tu vas leur faire cadeau de la solitude et de la honte, tu vas arracher les étoffes dont je les avais couverts, et tu leur montreras soudain leur existence, leur obscène et fade existence, qui leur est donnée pour rien.

ORESTE. Pourquoi leur refuserais-je le désespoir qui est en moi, puisque c'est leur lot?

JUPITER. Qu'en feront-ils?

ORESTE. Ce qu'ils voudront: ils sont libres, et la vie humaine commence de l'autre côté du désespoir.

Un silence.

JUPITER. Eh bien, Oreste, tout ceci était prévu. Un homme devait venir annoncer mon crépuscule. C'est donc toi? Qui l'aurait cru, hier, en voyant ton visage de fille?

ORESTE. L'aurais-je cru moi-même? Les mots que je dis sont trop gros pour ma bouche, ils la déchirent; le destin que je porte est trop lourd pour ma jeunesse, il l'a brisée.

JUPITER. Je ne t'aime guère et pourtant je te plains.

ORESTE. Je te plains aussi.

JUPITER. Adieu, Oreste. (*Il fait quelques pas.*) Quant à toi, Électre, songe à ceci: mon règne n'a pas encore pris fin, tant s'en faut—et je ne veux pas abandonner la lutte. Vois si tu es avec moi ou contre moi. Adieu.

ORESTE. Adieu.

Jupiter sort.

123

SCÈNE III

LES MÊMES—*moins* JUPITER.

Électre se lève lentement.

ORESTE. Où vas-tu?

ÉLECTRE. Laisse-moi. Je n'ai rien à te dire.

ORESTE. Toi que je connais d'hier, faut-il te perdre pour toujours?

ÉLECTRE. Plût aux Dieux que je ne t'eusse jamais connu.

ORESTE. Électre! Ma sœur, ma chère Électre! Mon unique amour, unique douceur de ma vie, ne me laisse pas tout seul, reste avec moi.

ÉLECTRE. Voleur! Je n'avais presque rien à moi, qu'un peu de calme et quelques rêves. Tu m'as tout pris, tu as volé une pauvresse. Tu étais mon frère, le chef de notre famille, tu devais me protéger: mais tu m'as plongée dans le sang, je suis rouge comme un bœuf écorché; toutes les mouches sont après moi, les voraces, et mon cœur est une ruche horrible!

ORESTE. Mon amour, c'est vrai, je t'ai tout pris, et je n'ai rien à te donner—que mon crime. Mais c'est un immense présent. Crois-tu qu'il ne pèse pas sur mon âme comme du plomb? Nous étions trop légers, Électre: à présent nos pieds s'enfoncent dans la terre comme les roues d'un char dans une ornière. Viens, nous allons partir et nous marcherons à pas lourds, courbés sous notre précieux fardeau. Tu me donneras la main et nous irons...

ÉLECTRE. Où?

ORESTE. Je ne sais pas; vers nous-mêmes. De l'autre côté des fleuves et des montagnes il y a un Oreste et une Électre qui nous attendent. Il faudra les chercher patiemment.

ÉLECTRE. Je ne veux plus t'entendre. Tu ne m'offres que le malheur et le dégoût. (*Elle bondit sur la scène. Les Érinnyes se rapprochent lentement.*) Au secours! Jupiter, roi des Dieux et des hommes, mon roi, prends-moi dans tes bras, emporte-moi, protège-moi. Je suivrai ta loi, je serai ton esclave et ta chose, j'embrasserai tes pieds et tes genoux. Défends-moi contre les

124

mouches, contre mon frère, contre moi-même, ne me laisse pas seule, je consacrerai ma vie entière à l'expiation. Je me repens, Jupiter, je me repens.

Elle sort en courant.

SCÈNE IV

ORESTE—LES ÉRINNYES.

Les Érinnyes font un mouvement pour suivre Électre. La première Érinnye les arrête.

PREMIÈRE ÉRINNYE. Laissez-la, mes sœurs, elle nous échappe. Mais celui-ci nous reste, et pour longtemps, je crois, car sa petite âme est coriace. Il souffrira pour deux.

Les Érinnyes se mettent à bourdonner et se rapprochent d'Oreste.

ORESTE. Je suis tout seul.

PREMIÈRE ÉRINNYE. Mais non, ô le plus mignon des assassins, je te reste: tu verras quels jeux j'inventerai pour te distraire.

ORESTE. Jusqu'à la mort je serai seul. Après...

PREMIÈRE ÉRINNYE. Courage, mes sœurs, il faiblit. Regardez, ses yeux s'agrandissent: bientôt ses nerfs vont résonner comme les cordes d'une harpe sous les arpèges exquis de la terreur.

DEUXIÈME ÉRINNYE. Bientôt la faim le chassera de son asile: nous connaîtrons le goût de son sang avant ce soir.

ORESTE. Pauvre Électre !

Entre le Pédagogue.

SCÈNE V

ORESTE—LES ÉRINNYES—LE PÉDAGOGUE.

LE PÉDAGOGUE. Çà, mon maître, où êtes-vous? On n'y voit goutte. Je vous apporte quelque nourriture: les gens d'Argos assiègent le temple et vous ne pouvez songer à en sortir: cette

125

nuit, nous essaierons de fuir. En attendant, mangez. (*Les Érinnyes lui barrent la route.*) Ha ! qui sont celles-là ? Encore des superstitions. Que je regrette le doux pays d'Attique, où c'était ma raison qui avait raison.

ORESTE. N'essaie pas de m'approcher, elles te déchireraient tout vif.

LE PÉDAGOGUE. Doucement, mes jolies. Tenez, prenez ces viandes et ces fruits, si mes offrandes peuvent vous calmer.

ORESTE. Les hommes d'Argos, dis-tu, sont massés devant le temple ?

LE PÉDAGOGUE. Oui-dà ! Et je ne saurais vous dire qui sont les plus vilains et les plus acharnés à vous nuire, de ces belles fillettes que voilà ou de vos chers sujets.

ORESTE. C'est bon. (*Un temps.*) Ouvre cette porte.

LE PÉDAGOGUE. Êtes-vous fou ? Ils sont là derrière, avec des armes.

ORESTE. Fais ce que je te dis.

LE PÉDAGOGUE. Pour cette fois vous m'autoriserez bien à vous désobéir. Ils vous lapideront, vous dis-je.

ORESTE. Je suis ton maître, vieillard, et je te commande d'ouvrir cette porte.

Le Pédagogue entr'ouvre la porte.

LE PÉDAGOGUE. Oh ! là, là ! Oh ! là, là !

ORESTE. A deux battants !

Le Pédagogue entr'ouvre la porte et se cache derrière l'un des battants. La foule repousse violemment les deux battants et s'arrête interdite sur le seuil. Vive lumière.

SCÈNE VI

LES MÊMES—LA FOULE.

CRIS DANS LA FOULE.

A mort ! A mort ! Lapidez-le ! Déchirez-le ! A mort !

ORESTE, *sans les entendre.* Le soleil !

126

LA FOULE. Sacrilège! Assassin! Boucher! On t'écartèlera. On versera du plomb fondu dans tes blessures.

UNE FEMME. Je t'arracherai les yeux.

UN HOMME. Je te mangerai le foie.

ORESTE *s'est dressé.* Vous voilà donc, mes sujets très fidèles? Je suis Oreste, votre roi, le fils d'Agamemnon, et ce jour est le jour de mon couronnement.

La foule gronde, décontenancée.

Vous ne criez plus? (*La foule se tait.*) Je sais: je vous fais peur. Il y a quinze ans, jour pour jour, un autre meurtrier s'est dressé devant vous, il avait des gants rouges jusqu'au coude, des gants de sang, et vous n'avez pas eu peur de lui, car vous avez lu dans ses yeux qu'il était des vôtres et qu'il n'avait pas le courage de ses actes. Un crime que son auteur ne peut supporter, ce n'est plus le crime de personne, n'est-ce pas? C'est presque un accident. Vous avez accueilli le criminel comme votre roi, et le vieux crime s'est mis à rôder entre les murs de la ville, en gémissant doucement, comme un chien qui a perdu son maître. Vous me regardez, gens d'Argos, vous avez compris que mon crime est bien à moi; je le revendique à la face du soleil, il est ma raison de vivre et mon orgueil, vous ne pouvez ni me châtier, ni me plaindre, et c'est pourquoi je vous fais peur. Et pourtant, ô mes hommes, je vous aime, et c'est pour vous que j'ai tué. Pour vous. J'étais venu réclamer mon royaume et vous m'avez repoussé parce que je n'étais pas des vôtres. A présent, je suis des vôtres, ô mes sujets, nous sommes liés par le sang, et je mérite d'être votre roi. Vos fautes et vos remords, vos angoisses nocturnes, le crime d'Égisthe, tout est à moi, je prends tout sur moi. Ne craignez plus vos morts, ce sont *mes* morts. Et voyez: vos mouches fidèles vous ont quittés pour moi. Mais n'ayez crainte, gens d'Argos: je ne m'assiérai pas, tout sanglant, sur le trône de ma victime: un Dieu me l'a offert et j'ai dit non. Je veux être un roi sans terre et sans sujets. Adieu, mes hommes, tentez de vivre: tout est neuf ici, tout est à commencer. Pour moi aussi la vie commence. Une étrange vie. Écoutez encore ceci: un été, Scyros fut infestée par les rats. C'était une horrible lèpre, ils rongeaient tout; les habitants de la ville crurent en mourir. Mais, un jour, vint un joueur de flûte. Il

127

se dressa au cœur de la ville—comme ceci. (*Il se met debout.*) Il se mit à jouer de la flûte et tous les rats vinrent se presser autour de lui. Puis il se mit en marche à longues enjambées, comme ceci, (*il descend du piédestal*) en criant aux gens de Scyros: « Écartez-vous ! » (*La foule s'écarte.*) Et tous les rats dressèrent la tête en hésitant—comme font les mouches. Regardez ! Regardez les mouches ! Et puis tout d'un coup ils se précipitèrent sur ses traces. Et le joueur de flûte avec ses rats disparut pour toujours. Comme ceci.

Il sort; les Érinnyes se jettent en hurlant derrière lui

RIDEAU

NOTES

The figures refer to pages. Words and phrases adequately dealt with in Harrap's Shorter French and English Dictionary *are not listed here.*

F: familiar, colloquial; P: popular.

53. **Drame:** this is the only one of his plays which Sartre has called a *drame*, a term little used today. The eighteenth century invented *le drame bourgeois*, serious plays dealing with the life and sentiments of the middle classes; the Romantic *drame* admitted both comic and serious elements, the *mélange des genres* in fact forbidden in seventeenth-century tragedy; in the late nineteenth century a number of serious plays were described as *drames philosophiques*. No doubt Sartre used the term here to indicate that the play was concerned with serious issues; it has moments of humour as well as of tragedy, but it is no light-hearted adaptation of Greek legend.

53. **Dullin:** Charles Dullin (1885–1949), actor and producer, was a member of the famous *Vieux Colombier* company of Jacques Copeau in 1913 and later became a producer of distinction. With Gaston Baty, Georges Pitoëff and Louis Jouvet he formed the *Cartel des quatre* which transformed theatrical production in France by reaction against naturalistic settings and acting in favour of simple, stylised sets and a concentration on the inner substance of the text. After a historic period as director of the *Atelier* theatre (1922–39), he became during the German Occupation director of the municipally controlled *Théâtre de la Cité* in Paris (1941–47), where his policy of producing the best led to financial deficits and conflict with the municipal council. His production in 1943 of *Les Mouches*, while making known a new dramatist, was an act of faith and friendship as well as being, in the circumstances of the Occupation, an act of courage. The play was not received with unqualified approval and did not prove a financial success.

129

54. **Théâtre de la Cité:** formerly known as the *Théâtre Sarah Bernhardt* in honour of the great actress. As she was Jewish, the Occupation authorities ordered the name to be changed in 1940.

55. **Argos:** in the Peloponnese; one of the most powerful of Greek cities in the second millenium B.C. According to one legend, two brothers, Atreus and Thyestes, quarrelled over the succession to the throne, and Atreus won by a stratagem, killing two of the sons of Thyestes and serving their flesh to the father at a banquet. Thyestes fled into exile, where he brought up his third son Aegisthus who later killed Agamemnon who had succeeded his father Atreus on the throne.

55. **Jupiter, Dieu des mouches et de la mort:** Jupiter, chief among the Roman gods, corresponds to the Greek Zeus. Sartre uses the Roman name more familiar to French ears except when Orestes implores the gods for enlightenment in Act II, Tableau i, Sc. IV, p. 92. The description *dieu des mouches et de la mort* is Sartre's own gloss and a direction to the stage manager responsible for making the statue, the set and the costumes. It does not correspond to the ancient view of Zeus (cf. Introduction p. 47). Dullin, who himself created the part of Jupiter, wore heavy make-up, creating the impression of an Assyrian soothsayer or some primitive 'medicine man.' Other characters wore masks, as in Greek tragedy but here designed to emphasise the symbolic sense of the play and perhaps to cloak the topical intent. Anouilh, in his production of *Antigone* in the following year, made use of the opposite convention and staged his play in modern dress.

55. **De vieilles femmes...:** the setting is sombre; a funereal note is struck by the black garb of the women and a note of irrationality by the figure of the idiot, who in the original production was given a swollen and monstrous head, appearing hydrocephalic.

55. **libations:** offerings to the gods. In the Greek versions libations to the tomb of Agamemnon are a recurring feature. Sartre's change emphasises from the outset of the play the fearful homage accorded

130

to the blood-stained effigy of Jupiter. Electra's 'offering' in Sc. III is a savage parody of this opening scene.

55. **s'enfuient:** the behaviour of the inhabitants on the arrival of outsiders shows the fear which fills the hearts of the people of Argos.

55. **Vieilles carnes...:** 'Old nags,' 'Bitches.' 'Anyone would think I had designs on them.' The colloquial force of the language is increased by the somewhat coarse terms used and by the omission of the *ne* (cf. Jupiter's speech, p. 59). At the same time a certain archaic flavour is given by the use of *en vouloir à* with the sense of 'to have designs on.' Throughout the play the pedagogue speaks in forceful and somewhat coarse and familiar terms.

55. **touristes:** anachronistic; a modern term which helps to make the myth contemporary in application.

55. **rissole:** an image drawn from familiar language.

56. **cogner ...:** 'hammer on all the doors.' Another familiar term.

56. **Monseigneur:** ironic title.

57. **Jupiter Ahenobarbus:** 'red-bearded Jupiter;' the first hint that the stranger is Jupiter himself in disguise.

57. **Delphes:** Delphi, a small town in Phocis, celebrated for the oracle of Apollo situated on the south slope of Mount Parnassus above the Gulf of Corinth.

57. **Itéa:** port on the north coast of the Gulf of Corinth serving Delphi.

57. **Nauplie:** Nauplia, port on the north-east coast of the Gulf of Nauplia serving Argos.

57. **sans l'avoir dans nos jambes:** 'without falling over him.'

57. **sourit aux anges:** 'smiles beatifically;' irony for 'empty smile.'

57. **suint blanc...:** 'white matter like curdled milk.' The flies feed on decomposing flesh. The imagery of physical decomposition and moral corruption begins here.

131

58. **Tout cela ne me dit rien qui vaille:** 'I don't like the sound of this.'

58. **Il va y avoir du vilain:** 'There's going to be some unpleasantness,' 'Something nasty is going to happen.'

58. **Mais ils ne dirent rien:** the people of Argos remained passive although disaster threatened. In these exchanges Jupiter makes it clear that they knew what was planned (*l'image d'un grand cadavre*) but did not prevent it (cf. *Il aurait suffi d'un mot*, p. 58). Their passive acceptance of events is a key feature of the play, illustrating Sartre's denunciation of those who refuse to act and so refuse to make life what they wish it to be. The people of Argos are responsible for the death of Agamemnon in the sense that they chose not to prevent it.

58. **Vous semblez fatigué?:** ironic, for the disguised Jupiter knows that Orestes is weak with horror at the evocation of his father's death and his mother's crime.

58. **Une bonne pendaison, cela distrait:** this reminder of the 'bread and circuses' formula for keeping the people quiet had a savage relevance in Occupied France in 1943 (cf. Introduction).

59. **leurs yeux retournés de volupté:** 'their eyes rolling in pleasure.' The people of Argos lowered their gaze not in shame but to conceal the sadistic pleasure they felt. Sartre sees the individual's attack on other individuals, whether direct or, as here, indirect, associated with pleasure in the assertion of the self as superior. This sadism is also linked with eroticism (cf. Jupiter's remark to the old woman, p. 60).

59. **Je croyais les Dieux justes:** the first note of revolt sounds in Orestes' remarks.

59. **C'est un symbole:** Jupiter's comment is doubly significant; it makes the audience aware that the myth is being used symbolically by the author.

59. **cloporte:** begins a train of insect imagery which demeans the people of Argos as represented by the woman.

132

60. **pénétré par le sentiment de sa faute originelle:** 'filled with a sense of original error.' Sartre here refers obliquely to the Christian concept of original sin, *le péché originel*, which he implies lays on the young and innocent the burden of the sins of the past; the sacrament of baptism is held by Christians to redeem original sin. In the play, the people of Argos live in fear of the gods, of the king and of the dead. Aegisthus' deliberate imposition on them of a false ethic which serves his purpose and that of Jupiter, whose delight at the fear shown by the people is clear from the remainder of the scene, has a topical as well as a more general reference. The Vichy government called France to repentance and ascribed the defeat partly to the sins of the past (cf. Introduction). Camus, like Sartre, is in revolt against this doctrine and sees man as innocent even though he is condemned to die. Jupiter's cavalier treatment of the old woman suggests that the doctrine is a trick of the gods for enslaving man, for whom they have neither respect nor affection.

60. **Il fallait...:** Orestes, on the point of revealing himself, echoes Jupiter's own refusal of responsibility, though all on stage know his remark *Je ne suis pas d'ici* to be untrue. His interest is nonetheless made clear in the next question.

62. **faire valoir vos droits:** 'claim your inheritance.' Jupiter is again ironical, knowing that Orestes' legacy is one of vengeance. They are opponents, taking the measure of one another.

63. **Abraxas...:** a pseudo-magic spell; cf. *abracadabra*. *Abraxas* derives from a Persian word for God; *galla* may be associated with *galle*, either meaning a priest of Cybele or an insect; *tsé, tsé* has an obvious relationship to the fly found in Africa.

63. **Par Jupiter !:** Sartre's joke.

63. **Un petit talent de société...:** 'A little parlour-trick. I can charm flies, when I feel like it.'

63. **ce scepticisme souriant:** the exchange between the teacher and his pupil suggests that Orestes has gained little from being made heir to the culture described by the pedagogue. He has acquired freedom

of thought but laments his inability to choose because he is detached from life. By implication, Sartre is criticising not only any "freedom" which is not expressed in action but also that urbane and detached intellectualism (of which the pedagogue is something of a caricature) so often prized by the products of the French university system. Cf. the paradox (p. 64), '*libre pour tous les engagements et sachant qu'il ne faut jamais s'engager.*'

63. **maquereau:** *P:* 'pimp.'

63. **soudards:** 'hirelings.'

64. **lourd:** introduces the imagery of weight, solidity and opacity, frequently used by Sartre, in contrast to transparency and lightness, to distinguish between consciousness and objects (*pour-soi* and *en-soi*). Cf. Introduction, pp. 30–32.

65. **Et quelle superbe absence que mon âme:** Orestes has a sense of emptiness, of meaninglessness: the void of existentialism.

65. **petit-dorien:** probably 'early Doric.' *Dorien* is usually reserved for language and music, *dorique* being used for architecture.

65. **Dodone:** Dodona in Epirus, site of the most ancient oracle in Greece dedicated to Zeus and later supplanted by Delphi.

66. **ce ruffian de sacristie:** 'the sanctimonious rogue.'

66. **dussé-je:** 'even if I had to;' use of imperfect subjunctive with inversion as a substitute for *même si* with imperfect indicative: *même si je devais.* Cf. supra *fût-ce.*

67. **barbouillée de jus de framboise:** 'smeared with raspberry juice.' Electra's speech expresses through images of eroticism and decomposition her rejection of Jupiter and through the assertion that he is only a block of white wood her refusal to accept the false religion of mourning and darkness.

68. **Quels drôles d'yeux tu fais:** 'What an odd way you're looking at me.'

72. **Pas de comédie:** 'Stop play-acting.'

73. **rideau de fer:** 'shutters.'

134

74. **j'ai chanté de joie:** Clytemnestra does not practise the local religion of remorse, though she preaches it later to Electra; she regrets not the killing of Agamemnon but the loss of her son, Orestes.

74. **Il a beau jeu de condamner...:** 'Condemnation is easy for the young who have not yet had time to do evil.'

75. **on se pousse un peu...:** 'people squeeze up to make room for them at the wake.'

75. **il n'y en a plus que pour eux:** 'everything is for them.'

76. **Télémaque:** Telemachus, son of Ulysses and Penelope, returning from his journeyings in search of his father, long since departed for Troy, arrived home in time to assist Ulysses in slaying the importunate suitors of Penelope.

76. **Mentor:** a faithful friend of Ulysses left by him as guardian of his household. Pallas Athene took on the appearance of Mentor to guide the steps of young Telemachus; a hint that the speaker may be a god come in disguise to help Orestes.

77. **Il faut avoir peur...:** children in Argos are brought up in fear and subservience; the mark of the *honnête homme* here is not courage or independence or virtue but fear.

77. **A présent en voilà pour un an:** 'That's over now for another year.'

78. **elle lui faisait porter des cornes:** 'she deceived him.'

79. **tu empestes, et tu ne le sais pas:** Jupiter's comment reminds us of the condemnation of the flesh as corrupt and sinful uttered by some of the more extreme Christian sects. He wants man to be conscious of degradation.

79. **Quelles folies...:** Orestes is shocked by their frenzy and would like to rescue the people from their superstition—the first sign of that concern which will lead him to kill the King.

79. **tourne de l'œil:** 'faints.'

80. **fumerolles:** 'hot gases from a volcano.' Throughout the spirits are treated as physical and unpleasant presences, come like vampires to consume the living.

81. **Aricie...Nicias...Segeste:** Aegisthus addresses himself to individuals in the crowd.

82. **leur compte s'est arrêté pour toujours:** 'Death has closed the account' (cf. *Huis clos*). The dead cannot act, cannot change, but Aegisthus does not point out that the living can act and change. Instead, he tries to imprison the living in a static contemplation of the past, which is almost indistinguishable from death. He declares that the debt to the dead has still to be paid and will be so for ever. Sartre would rather say let the dead bury the dead and the living look to the future.

82. **soleil décharné:** the imagery of the implacable and consuming sun provides an appropriate pagan parallel to the doctrine of hell-fire.

82. **Pitié ! :** the children are born into the world without their consent, but so far from feeling innocent have been brought up with a sense of guilt. They echo their parents' prayer.

83. **mon père:** in his anger, Orestes reveals who he is, but the noise and Jupiter's intervention mask this revelation. The stranger is becoming more involved, becoming the Orestes of the legend.

83. **Atrée:** Atreus, father of Agamemnon, uncle of Aegisthus. Cf. first note to p. 55.

85. **Iphigénie:** Iphigenia, eldest daughter of Clytemnestra and Agamemnon. Her father sacrificed her to appease the goddess Artemis and ensure the sailing of the Greek fleet against Troy. One legend has it that her death was one reason why Clytemnestra acquiesced in the killing of Agamemnon.

86. **Posidon caribou caribon lullaby:** another pseudo-magic spell.

88. **C'est par la violence qu'il faut les guérir:** Electra declares that the people of Argos can be cured only by deeds and not by words, that is by the killing of the King not by speeches such as she has just

made. This acts in effect as an appeal to Orestes (still unknown to her) to involve himself and to "dirty his hands." (Cf. *Les Mains sales.*) At this point Orestes still wishes to flee and to live an uncommitted, peaceful, cultured life. The remainder of the scene is concerned with this debate.

89. **toujours à cuver une colère:** 'perpetually nursing some anger.'

89. **libre à toi:** 'it was up to you,' 'you were free to do so.'

91. **belles âmes:** 'people with fine feelings,' *i.e.*, those who cultivate the beauty of their souls regardless of sordid reality.

91. **reître:** 'ruffianly soldier.'

91. **étrangers aux autres et à moi-même:** Orestes is uninvolved and therefore exiled from life and from the self he seeks. Cf. *L'Étranger,* a novel by Albert Camus which deals with this theme of alienation.

91. **Je me soucie bien du bonheur:** 'As if I could care about happiness.'

93. **Il y a un autre chemin:** the moment of revelation and decision. Orestes has become aware of the true nature of his freedom and will experience the anguish of solitude and decision. The imagery of emptiness, of lightness and of their opposites illustrates this existentialist theme in the following speeches.

94. **voleur de remords:** Orestes is to be the redeemer not the avenger, a kind of scapegoat; he will kill the King not for revenge but to free the people of Argos. Electra still sees the deed as vengeance; she will look back to the past and will repent, imprisoned in the religion of Argos and seeking the protection of Jupiter from her own decisions; Orestes looks to the future.

97. **faire le carrousel:** *lit.* 'play at roundabouts' = 'buzz about in my throat.' The language of the soldiers in this scene is familiar and racy.

98. **ils ne pipent mot:** 'they don't say a word.'

98. **tourniquer:** *F:* here, 'to fly round and round.'

98. **Ils se mangent les sangs:** *F:* 'They are eaten up with worry.'

99. **Oreste et Électre sortent par la gauche:** their move left stage while the guards are searching right stage borders on the comic, but the scene is grimly comic in the Shakespearian pattern. This stage effect may be one of the features of the play which led some to criticise it as melodramatic.

99. **droit comme un i:** 'bolt upright.'

99. **faire une bonne partie:** 'playing a good game of cards.'

99. **grivetons:** *P:* 'soldiers.'

99. **ils se débarrassaient:** imperfect substituted for perfect conditional: *ils se seraient débarrassés.*

100. **déteindre sur mon âme:** '(the colours have run and) stained my soul.'

100. **catin:** *F:* 'whore.'

100. **Qui donc nous voit ? :** Aegisthus has fallen a victim to his own invention and has come to believe in the fable that the dead watch the living.

100. **inventâtes:** historic to indicate a time earlier than that indicated by the perfect generally used in the dialogue. There are other examples.

101. **Tartare:** Tartarus, in Greek mythology the depths of hell.

105. **qui suis-je:** to achieve his purposes, Aegisthus has made himself into a tyrant and a figure of fear for others, thus voluntarily deforming the self and losing his identity. Jupiter too is but the image he has assumed in men's eyes. Both are empty.

106. **La justice est une affaire d'hommes:** it is man who introduces into an irrational universe the concept of justice; it is man who creates values. This speech is the justification in the play for Orestes' deed.

107. **Horreur ! :** Electra is appalled by the reality of the deed she has so far only imagined and desired. The shock is followed by exultation and then by fear.

138

110. **les Érinnyes:** the Furies, present throughout the play as flies, now take part in the action. They have power only over those like Electra who fear them (cf. below, p. 115, *C'est ta faiblesse qui fait leur force*).

111. **Apollon:** Apollo replaces Jupiter. As in the myth, Orestes takes refuge with Apollo.

111. **échassier:** long-legged bird, *e.g.*, heron.

115. **nous devons en supporter les suites ensemble:** Orestes is prepared to accept the consequences of his action, to accept responsibility for it; Electra takes refuge in denying the action, in remorse.

117. **la liberté du prisonnier:** Jupiter derides Orestes' conception of freedom, declaring that man cannot be free. However, for Orestes as for Sartre, freedom is not freedom from the conditions of life but recognition of them followed by action based on them. Man rises superior to his condition (as Pascal, Vigny, Camus and others have argued) by judging it to be unjust and wrong. By standing firm against Jupiter, Orestes overcomes him.

120. **Ils attendent leur sauveur:** again Jupiter mocks Orestes for claiming to save those who did not wish to be saved. The people of Argos, like Electra, will refuse the opportunity of freedom offered by Orestes and will revile him. One cannot make men free; each man must choose freedom for himself. Orestes has, however, made freedom possible.

120. **Sa voix est devenue énorme…:** Sartre arranges that Jupiter shall thunder and bluster but that he shall not be clearly seen: the melodramatic note is deliberately struck to discredit the gods.

120. **l'écharde dans la chair:** 'a thorn in the flesh.' Man is an accident, the grit in the machine which disturbs its smooth working.

120. **la moelle du sureau:** 'the pith of the elderberry tree.'

121. **ciron:** 'a mite,' *e.g.*, cheese-mite.

122. **la liberté a fondu sur moi:** the realisation of liberty comes as a sudden revelation (cf. *La Nausée*). Here and in the following speeches, Orestes describes the condition of existentialist man.